韬奋箴言

聂震宁 编选

三联书店

图书在版编目 (CIP) 数据

韬奋箴言 / 聂震宁编选 . —— 北京：生活·读书·新知三联书店，2015.10

ISBN 978-7-108-05455-5

Ⅰ . ①韬… Ⅱ . ①聂… Ⅲ . ①邹韬奋（1895 ～ 1944）– 语

录 Ⅳ . ① K825.42

中国版本图书馆 CIP 数据核字 (2015) 第 188188 号

责任编辑　叶　彤
装帧设计　朱丽娜　张　红
责任印制　崔华君
出版发行　生活·讀書·新知 三联书店
　　　　　北京市东城区美术馆东街22号
邮　　编　100010
网　　址　www.sdxjpc.com
经　　销　新华书店
排版制作　北京红方众文科技咨询有限责任公司
印　　刷　北京市松源印刷有限公司
版　　次　2015年10月北京第 1 版
　　　　　2015年10月北京第 1 次印刷
开　　本　880毫米×1230毫米　1/32　印张 7
字　　数　160千字
印　　数　0,001—3,000册
定　　价　35.00 元

（印装查询：010-64002715；邮购查询：010-84010542）

目录

编选说明

聂震宁

2015 年 11 月 5 日是伟大的爱国者，杰出的新闻记者、出版家、政论家邹韬奋先生 120 周年诞辰。邹韬奋先生是生活·读书·新知三联书店的创始人之一。为了纪念韬奋先生诞辰，三联书店安排了不少出版项目，其中之一便是编选出版《韬奋箴言》，希望既可供新闻出版业各层次、各岗位从业人员使用，也可以供当代读者特别是青年读者阅读。

由于本人自 2011 年 12 月起忝任韬奋基金会第四届理事会理事长，比较集中地阅读理解韬奋著作，学习宣传韬奋精神，三联书店便向我发出编选《韬奋箴言》的邀约。尽管这是一件比较费工费力，质量要求很高而又不易讨好的事情，我还是欣然应承下来了。一方面这是自己的职责所在，另一方面也是夙愿使然。多年来阅读邹韬奋的著作，许多箴言警句给我留下了深刻印象，曾经有过应当有一册邹韬奋语录的想法，只是不曾想这件事现在落到我身上来。

经过近三个月工作，《韬奋箴言》编选任务基本告成。编选资料主要使用上海人民出版社1995年出版的《韬奋全集》（共14卷）。全书按内容编成七辑，每一辑的辑名均采用邹韬奋本人有代表性的箴言。现对七辑内容分别说明如下：

第一辑"爱我们的祖国"：主要收入邹韬奋爱国、抗战方面的言论。邹韬奋之所以成为2014年国家首个烈士纪念日公祭的300名著名抗日英烈中唯一一位新闻记者、出版家，正是因为在20世纪国家危难存亡之际，在抗日救亡的漫天烽火中，他是最早的抗战呐喊者之一，是一面永远不倒的抗战旗帜。他没有一天不拿着笔为祖国战斗，直至生命最后一息。"题破稿纸百万张，写秃毛锥十万管。"正是对他以身以文报国最真实的写照。

第二辑"永远立于大众立场"：主要收入邹韬奋坚持人民大众的立场，力主民主政治，勇于与黑暗势力抗争等方面的言论。韬奋精神，一言以蔽之，就是"服务精神"。毛泽东为韬奋先生题写挽词："热爱人民，真诚地为人民服务，鞠躬尽瘁、死而后已。这就是邹韬奋先生的精神，这就是他之所以感动人的地方。"这是对邹韬奋的服务精神的最好概括。他之所以能够以短短49年的人生，产生了流传后世的巨大影响，是与他一生竭诚为最大多数群众服务的努力分不开的。

第三辑"竭诚为读者服务"：主要收入邹韬奋有关新闻出版工作要为读者做好服务的言论。邹韬奋热爱人民，不仅鲜明地表现在他编刊出书坚持大众的立场，撰写政论文章努力做人民的喉舌，还具体地表现在他对待读者的态度上。他明确地表示过:《生活周刊》是以读者的利益为中心,以社会的改进为鹄的的。他创办的生活书店最引人注目的广告语就是"竭诚为读者服务"。这些为读者服务的言论让我们认识到他所从事的事业之所以成功的根本原因。

第四辑"最重要的是要有创造的精神":主要收入邹韬奋在办刊、办报、办出版社过程中坚持宗旨、创新发展、科学管理、理性经营等方面的言论。《生活周刊》由一份发行量不足 3000 册的小刊物发展成发行量超过 150000 册的当时全国第一畅销刊物,生活书店创办不到 10 年就发展成为在全国拥有 55 家分店,年度出书量一度居全国各社之首的规模化经营的名店,足以看出邹韬奋卓越的编辑出版艺术和高超的经营管理智慧。

第五辑"用人当注重真才实学":主要收入邹韬奋关于尊重和爱惜人才、培养和使用人才方面的言论。邹韬奋在其主持的各项事业过程中,十分强调"人才主义",热情爱护人才,认真培养人才,把一大批新闻出版业青年才俊团结在事业上,这正是他所主持的各项事业总是人才济济、团结奋进、业绩不俗的主要原因。

第六辑"做文章和做人实在有着密切的关系":主要收入邹韬奋关于写作、读书、学习等方面的言论。邹韬奋不仅在新闻出版事业上功勋卓著,在写作上也著述颇丰,14 卷共 800 万字的《韬奋全集》就是他勤奋写作的结晶。他在写作上有许多经验,在读书上有不少心得,在对待青年学习上也有独到见解,这些文字发表时就产生过较大影响。

第七辑"自觉心是进步之母"·本辑内容相当丰富,邹韬奋在二十多年的新闻出版及写作生涯中，一直关注青年，举凡青年的思想修养、学习成长、意志志向、名利价值观、爱情婚姻观以及对待社会环境的态度，都有过锦言妙语，堪称当时的青年人生导师。本辑即为邹韬奋关于青年修养的言论。他的一句"自觉心是进步之母"的论断，不同凡响，直入青年精神成长的内在动力之根本，相信至今对当代青年仍会有所启迪。

以上各辑中言论按照1995年版《韬奋全集》各篇文章的顺序排列。每条言论均注明文章出处。有志于研究韬奋精神的人士，可以用他的言论作为线索，再研读其相关原作，想必受益会更大。

谨以此纪念韬奋先生120周年诞辰！

2015年6月于北京沙滩后街

第一辑

爱我们的祖国

知国家之所以恩惠我者何在，则发爱国之念。知父母之所以恩惠我者何在，则兴尽孝之思。

《爱校心之培养》

故爱国者，非爱国而爱国也，乃爱己而爱国也，以吾国之名誉，即吾之名誉也。

《爱校心之培养》

虽然，国民之欲免因国家无名誉而受辱者，唾人之面，发指眦裂焉，无济也。必也各奋其爱国之心，保其良善之国性，守其神圣之法律，清白乃心，励精图治，而后得因其国跻文明而获荣耀也。

《爱校心之培养》

继而思之，乃知学者之于国，存则俱存，亡则俱亡。

《对于吾校二十周纪念之感想》

由是观之，在家为令子，仅孝之始。必出而不为社会之蠹而有益于社会，上而不为国家之害而有利于国家，斯得全其为孝，此吾之所谓孝也。苟社会之人而能尽吾之所谓孝，则社会之兴可立矣；苟一国之人而能尽吾之所谓孝，则一国之兴不待言。

《原孝》

我觉得一个人能受"激"而向上，非有血气有志气的人不办。再从别一方面想，不如意的环境，未尝不含有"激"的效用，我们当利用他的效用而向上。

个人如此，国家何莫不然。中国受别国的"激"，可谓至矣尽矣，若有一些血气，若有一些志气，应如何发奋有为，争一口气！

《激》

处今日国际间群雄相争的时代，这是一个先决问题，其余的枝枝节节的办法是没有多大效力的。解决这个先决问题的最大要素，是国人此后须有全体一致的精神，认清一个共同的目标，作一致的准备。

《一致》

提倡国货，鼓励国人在实用上多所发明，实在是富国裕民的根本，并不是仅为仇外而设，希望国人奋勉前进。

《中国人发明的最新印字机》

要驱逐强盗，保我土地身家的命脉，非有实力不可。还有一点，倘不准备实力以抵抗强盗，等到强盗来了，便只有横被百般侮辱，万种残酷，无可逃避。

《对付国仇靠什么》

现在的世界，尤其是在国际之间，还只是单讲强权不讲公理的，这是无庸为讳的事实；所以就是要和人讲公理，还是要有实力做后盾。现在世界上受人欺凌的弱小民族，有哪一个强国为他公愤？我们敢断言倘非弱小民族赶紧养起实力来，便永远不要想有翻身的日子！

《对付国仇靠什么》

国民九死一生所仅仅争得的大部统一，无数血泪忍痛换来的，藉以外御强权内修国政的统一，真当全国视为国命所关，爱重珍视，不许破坏。

《不要再"鸭鸟臭"了》

我国有许多东西缺乏，也应该努力自作准备，绝不可存心永远依赖别人；况且人人共愤的切身国耻，更当人人存着破釜沉舟的态度。

《听腐化分子的腐话》

今已无可如何，忍不能忍之辱，让不能让之步，以避玉碎而求瓦全矣！然不能者终于不能乎？不战者终于不战乎？此则今日之政府，应负完全责任，谋与全国人民共雪此耻者也。不仅雪耻而已，日本横厉无前之暴举，已引起久经沉默之各国瓜分中国问题。自此以往，我国政治如不能表示以最大速度最大效率，在进步线上衔枚疾趋，与日本竞进，势必致日本民族之进取高潮，向山东关东泛滥而来！其时虽有爱我者，必无代我捍卫之理。况国际间道德，原以谋本国福利为主。我不能自振，虽爱我者，彼亦只有各尽其力，各取所可取，以造成世界对于亚东大陆之均势新局耳！故我国今后能雪耻始能救亡……雪耻问题即是救亡问题，根本只在养成民族自立之真力量耳。

《国民党与中华民族之惨痛》

我们要好，须要全国人大家都好，只要把国家变成富强，是世界上的头等国，那么我们面色虽然是黄的，走到外国，自己承认是中国人，还不失为头等国民的尊荣。

《面孔虽然是黄的》

中国人受侮的苦痛，我认为这种事我们徒恨无用，一面要同心协力把自己的国家弄好，一面遇有应享的权利不要退缩，如铁雄之积极手段竟寒对方之胆，是其显例。不过没有强有力的国家做后盾，有的时候还是要"吃瘪"，国人对此种刺激，亟当猛醒，捐除私见，努力建国；在国内不要横行无忌，要替国家在国际上争点体面才好。

《〈触目伤心〉编者附言》

所以我们所处境遇无论怎样困难，只有奋斗，用拼死的精神去拼命的奋斗，奋斗到一息完结，瞑目，也就罢了，但一息尚存，仍须奋斗，高高兴兴的向前奋斗。

《立法院擢升"倒老爷"》

一国之能自立于世界，不至受人侮辱，必有其所凭藉之自立的精神，必有其可以取人敬重的表现，绝非泄泄沓沓因循苟且所能幸致。

《虽败犹荣》

我们如不再从一般民众方面用工夫，使大多数国民在智力上及实力上有相当的训养，则扰乱的种子随处可以萌发，即对外有敌忾同仇之虚气，亦无御侮的充实力量。

《官吏的颠顶》

"礼尚往来"，国际上的往来以及各国私人友谊的往来，我们当然还是客客气气的以友谊的诚恳的态度相待，不过依仗不平等条约做护符来剥削我们的脂膏，侵蚀我们的主权，那是非决心"挤出去"不可的。

《挤出去》

日本之侵略东北，其野心绝不仅在东北，所谓大陆政策，实以全中国为其征服对象，全国同胞对此困难，人人应视为与己身有切肤之痛，以决死的精神，团结起来作积极的挣扎与苦斗。

《应彻底明了困难的真相》

我希望我国事事都要和各国比比看，胜则加勉，逊则更求猛进。

《远东运动大会》

我们即欲忍泪自认是有国未亡，但世界上未见有国之民而不得国家保障至如此之甚者，则又何以自解？

《读〈旅顺实战记〉》

受了侮辱踩躏而仍没有反抗精神的表示，是天下最无耻的人；由这样最无耻的人组成的国，便是天下最无耻的国！

《明显直率的叛逆行为》

我尤其感动的是甘地所谓"我愿自受痛苦"一语。我们绝不是要提倡什么痛苦主义，人生最好是能享乐，痛苦原是应该设法排除的东西，尤其是我国现在的苦百姓也就苦得够了，何忍再提及这两个字；但是以拯救同胞为己任的人却应该要有"我愿自受痛苦"的精神与决心。

《明显直率的叛逆行为》

以为做今日内忧外患的中国人，应该人人养成不怕死的精神，为主持正谊公道，为力争国家民族的荣誉生存，就是一死也心甘意愿。

《明哲保身的遗毒》

我们要人人铲除明哲保身的遗毒；要把自己个人的生命看得轻，所属民族的荣存看得重：否则生不如死，何贵乎生？

《明哲保身的遗毒》

倘若我国人真能"拿点颜色给人看看",真能发愤努力,在事业上果然有点真实的贡献——航空事业当然不过一端——则唤起国际注意,为祖国争光,亦殊不难。

《胆大妄为》

中国现状最易养成悲观的国民——水深火热中的国民也实在乐不起来——但是悲观无用,大家也只有各就能力及地位,为公众福利而"竭其驽钝,勉任巨艰"。

《莫德惠勉任巨艰》

我以为不仅在国际事业的竞争上面我们应特别注意这种力求诸己的努力精神,即退而想到国内的各种事业,这种精神也是非常重要的,倘若自己不想进步而只一心一意的想把别人"压倒",别人未必倒而自己先往后退。我们当知只有力求诸己的努力始能立于不败之地,所以无论对外对内,都要存心只求"胜过"而不求"压倒"。

《压倒》

一国的治乱常视全国上下能否守法为转移,国民有不许国家有撒烂污行为的能力,然后各个国民才能获得法律上的真确保障。

《穷光蛋的公道》

外人之捏造诬蔑,固属可恨,然以本国人而凭藉外势以侮辱欺凌本国人，更属无耻之尤，应为国人所同弃，鸣鼓猛攻，不稍宽假，庶几可使只要钱不要脸，至于协助外人侮辱自己民族，凭藉外势欺凌本国同胞的厚脸专家，亦不得不稍稍顾到只要钱不要脸的无耻勾当实可为而不可为，替民族精神略留生气。

《大光明中大不光明》

"明哲保身"教人怯懦畏惧，实养成今日不痛不痒的麻木国民，现在我们要提倡为正谊公道及民族前途就是死也不怕的精神。

《大光明中大不光明》

这样凿中国壁脚的话，做中国的人听了当然是个个不高兴的。但是不高兴尽管不高兴，而自己不争气，处处予人以轻蔑侮辱的口实，却也应该猛自反省。

《争气》

要准备实力，不得不力求内部之团结，政治及社会秩序之安定，经济力之蓄养，国民教育及爱国精神之训练与唤起，大家要念到民族前途之危殆，泯灭私见，互释猜嫌，各向此大目标而尽量努力。

《急来抱佛脚是要来不及的》

我要痛哭流涕的告我全国同胞：向来只知有自己有家族而不知有国的国民，如今也许稍稍知道如不赶紧发愤图强，万众一心的把国弄好，就是自己，就是家族里的父母妻子兄弟姊妹儿女以及其他所亲爱的人，都有享受文明待遇的好机会！

《我们只得佩服文明国的法律》

言国家则无论前途有望无望，我们既不由自主的做了中国人，只有向前进的一条路走，只有各就各人的地位与能力向前进的一条路走，失败尚非所计，悲戚更何容心？

《始终抱乐观》

我国在此混乱时代，当然有许多不满人意的地方，我们所该努力的方向是要靠我们自己群策群力把不满意的地方使它变成满意，否则你尽管不愿做中国人，终究是中国人。不愿挂中国牌子不愿悬中国国旗的中国公使或领事，不见得就因此一跃而为其他什么特别出风头国家的大公使或大领事；不见得就因此可以获得别人的特殊尊重。想穿了这一点，我们自觉之后，只用得着自奋，用不着自贱。我们当光明磊落泰然坦然的做中国人，尽我们心力做肯求进步的中国人。无所用其自大，亦无所用其自贱。

《自觉与自贱》

我国全国上下应有彻底的觉悟，应具有世界的眼光，勿彼此闭着眼睛终日钻在牛角尖里，专作鸡虫之争，何殊自寻短见？一旦大祸临头，噬脐无及，愿在未做亡国奴之前，为全国上下涕泣道之。

《料理后事》

记者敢敬告国人曰，中国的已往文明是历史上的事实，是任何人所不能抹煞的；范氏前此之未识，不能损其毫末，现在之始识，亦不能增其毫末，故彼之前倨，我们不以为惧，彼之后恭，我们亦不以为喜。昔贤所谓"不患莫己知，患无可知也"，我们国民要抱着这种精神，努力前进。我们在历史上的文明，是我们的祖宗先人造的，我们这一大堆不肖的子孙，现在所造的是什么成绩，我们要平心静气的问一问自己；我们现在在电影上被人看作只有"仆欧"可做，我们的同胞在国外乃至在国内的"次殖民地"上饱受外人的侮辱压迫，我们的国家有无力量出来保护，我们要平心静气的问一问自己。我不是喜说煞风景的话，我以为我们的古文明已是历史上的事实，不怕人埋没，我们要注意当前的努力，要记着"不患莫己知，患无可知也"。

《始识中国文明》

我敢挥泪大声疾呼忠告尚未死尽的全国同胞："非等到我们有力量把强盗驱逐出门，绝无'达到完全胜利目的'的日子！"

《驻华日军又逞暴行》

但记者以为"观众"对此等事，尚知道"大哗"，可见人心并未死尽，这未死尽的人心，就是民族也许尚有生望的一线曙光，我们应使全国未死尽人心的人组织起来，扩充起来，共同奋斗，共同制裁已死尽人心的人之行为。

《〈不爱江山爱美人〉编者按》

我们生为中国国民的人，正目击心伤内忧外患之逼迫，而内争风云，复甚嚣尘上，黑暗蔽天，闻此"以国为前提"的他国党人，与"亦复不许""私斗"的他国人民，于垂涎三尺之余，实不禁感慨唏嘘，何彼之幸而我之不幸一至于此！

《人民不许》

民族的力求独立和民族经济的独立，有极密切的关系，故甘地以全力赴之，我们要求得民族的独立，也非积极发展民族的经济不可，非积极顾到大多数民众的生活不可。

《今后全国应集注的三大工作（下）》

在国民尤当养成辨别力，是非心，保障善良，铲除恶劣，爱党在此，爱国亦在此。

《程天放君的大胆评论》

我们人人应各就其能力尽量为社会谋福利，在国家未有大刀阔斧来彻底改造之前，各人能多助一人求学，即为国家社会多增一分力量；多助十人二十人求学，即为国家社会多增十分二十分力量。

《清寒教育基金的功效》

所以我认为在生产与自然科学及实用科学上有实际工作与成绩，实对目前中国有最切实的贡献，并恳切希望有天性近于研究自然科学与实用科学的人，勿糊涂湮没，当尽量利用以益国家社会。

《最切实的贡献》

复兴我们民族的根本工作，我们认为有三件，即健全民族的体格，唤起民族的精神，和发展民族的经济。

《今后全国应集注的三大工作（下）》

辱而死，战而死，同一死也，我们宁愿战而死。

《〈主张对日开战的理由〉编者附言》

我们是立于现代中国的一个平民地位，对于能爱护家国民族而肯赤心忠诚为中国民族谋幸福者，我们都抱着热诚赞助的态度。

《我们的立场》

民族兴盛与社会改进是要靠多方面各就其境地能力而分工努力促成的；本刊不过是许多努力的无数单位中的一个，好像大海汪洋中的一个细流，所以本刊从来不存包办一切的态度，只想竭尽我们的绵薄，在振兴中国民族改进中国社会的许许多多努力中，希望能贡献我们一个小单位或 个细流的责任。

《我们的立场》

我们在世界大同未实现以前，为免除奴隶生存而力图自由平等的人的生存，所以不得不把国家视为"全国人用来团结图存的一种工具"，上面已经说过。我觉得无论国之可爱与否，既不由自主的生在这一国里，无可爱的国也只得设法把他造成可爱，藉以达到团结图存的目的。所以虽有人说现在的国家不过是资本家军阀官僚土豪劣绅压迫劳苦民众的武器，这样的国家有何可爱，但我却以为正因为这个缘故，我们应努力把国家从少数压迫阶级手中夺回来还给全国民众，使国家为全国民众的生存而存在，非为少数压迫阶级的生存而存在，这样一来，国家便从无可爱而变为可爱，因为他成为"全国人用来团结图存的工具"，而非被少数人作为剥削民众而为自己达到享受特殊权利的工具。

《〈一篇短文所引起的郑重说明〉编者附言》

　　天下绝对没有无代价的利益。我们要想救国保族，必须下决心不怕牺牲，不怕牺牲而后不至并全国全族而牺牲，人人怕牺牲则非至葬送全国全民族于死地或沦为奴隶不止，我们各个人诚有机会牺牲自己而保存国族，虽死无憾，况且在不必即死的以内努力，若再麻木不仁，隔岸观火，则自降于劣等民族，灭亡乃其应得之结果了！

《痛告全市同胞》

　　时势虽极危急，我们只有向前奋斗，至死不懈，不必恐慌，亦无所用其悲观；我们要深切明白只须我们能奋斗，能奋斗至死不懈，我们最后的胜利实在我们手中，任何强暴不能加以丝毫的改变。我们应利用这种空前的患难，唤醒我们垂死的民族灵魂，携手迈进，前仆后继，拯救我们的国族，复兴我们的国族。

《痛告全市同胞》

在我国国难危迫，正如危崖急滚，此时仅属开始，前途艰危，正赖我们继续作百折不挠的奋斗，固不应以一时之"优势"而生其骄矜之念，以致暗萌轻忽之心，尤重要的是勿于日人表示有意休战之际（其无诚意姑不置论）遽怀苟安迁就之不肖心理。

《几个紧急建议》

个人虽生犹死，为事尚小；贻羞民族，为憾实大。

《〈马占山的究竟〉编者按》

无论何人，能为民族争人格争光荣的时候，我们就尽我心力去赞助他；无论何人，一旦人格破产害国辱族的时候，我们就加以严厉的制裁：这样正见是非之所在，公道之所在。

《〈马占山的究竟〉编者按》

我深觉我国最大毛病是一种不生不死的知足心理，这种心理之所由来，大概是由于传统思想的遗毒。

《阳历之外的新历》

在中华民族独立运动的进行中，一方面固不可不注意于本国政治社会问题的根本解决，同时对于反帝国主义的工作尤丝毫不容放松——尤其是对于进攻最猛侵略最急的日帝国主义者——我们认为要为中华民族求生路，这两方面有兼程并进的必要。

《我们最近的趋向》

我们此番应下最大决心，振作兴起，全国从此踏上努力奋斗的路上前进，不让以"历史的循环"为快意的仇雠再有快意的机会。

《〈历史上的循环如何？〉编者按》

列宁说："我们要使个个女厨子都能了解政治是怎样处理的。"这种理想当然不能一蹴而几，但是一国中的人民能了解政治是怎样处理的愈多，政治当然更容易上轨道，或上了轨道而不至于脱轨。处于现在电气化的世界，交通便利，距离好像于无形中缩短了，一国政治的出路往往和国际形势脱不了关系，世界大势的了解和本国政治的了解便息息相关，具有同样的重要性。

《〈伏生国际论文集〉序》

中国要得救，要走上轨道，绝不是任何个人所能负得起这个使命的，必须有一个组织严密，计划周详，真心为民族前途大众福利而努力奋斗的集团，领导全国民众共同奋斗，才能负得起这个重大的使命。

《〈变了什么花样？〉编者附言》

我们苟能全国奋起一致对外，在此生死关头，勿再作国内无谓之争夺，万众一心，共赴国难，认定对象，充实国力，国防即一时难于周备，而众志成城，可寒贼胆，民族惨祸，必可获免，亦可无疑是在中国人好自为之。

《国人应奋起一致对外》

国人应奋起一致对外，由一致对外而巩固国内，由巩固国内而充实御外的能力，全国一心，同御外侮；有无觉悟，全在我们自己；能否救此垂危的国家，亦全在我们自己。

《国人应奋起一致对外》

拯救民族是要靠实际的工作，不是仅靠感情上的兴奋所能有效的。

《再论热血民众的唯一武器》

全国上下应有深切而沉痛的忏悔，从此团结一致，尽心力于健全民族的体格，唤起民族的精神，发展民族的经济，下十年生聚教训的切实工夫。

《再论热血民众的唯一武器》

我们无论对内对外，都须积极养成"民心之连索"而力避民心连索之解散。

《什么"幸福之连索"！》

民族衰微，个人何所附丽？国家混乱，国民何所逃避？

《自动赈灾之踊跃》

全国同胞对此国难，人人应视为与己身有切肤之痛，以决死的精神，团结起来作积极的挣扎与苦斗。

《应彻底明了国难的真相》

我国上下一若全以国联消息为欣喜悲哀之枢机者，不求自救而但以依赖他人为唯一希望，此种劣根性即民族之致命伤！

《除自救外无办法》

徒然哀痛，一味悲观，则亦非有志气的民族所应为，因为国庆或国哀，皆为我们所自取。所以记者抚今追昔，虽不胜其悲怆，但却不愿消极，并切望全国同胞不愿消极。我们必须深信种瓜得瓜种豆得豆的因果律。今日国庆所以成为国哀，是由于我们以往的不努力；今后国哀之能否变为国庆，亦视我们将来能否努力为转换，关于这一点，我们应勿忘历史给予我们的教训。

《国庆与国哀》

中国民族要求自由平等，反帝工作是绝对无可逃避的，但必须团结全民族的大众力量，有长时间的整个的百折不回的不怕牺牲的斗争计划。日帝国主义的走狗只是若干狂妄的军阀，我们如以全民族的大众力量对他们周旋，最后的胜利无疑的是属于我们。

《誓死抗暴与民众》

中华民族的出路须在坚决反帝的行动中求得——是行动，不是靠标语，也不是靠冠冕堂皇的谈话或通电。

《由抵抗而失败了吗？》

我们一时无力制止强盗之掠夺，应卧薪尝胆，力图恢复，不应谦恭谄笑，亲口承认强盗之合法，应毅然与敌断绝国交，全国以死相拒。

《当前的重要关头》

你尽管耳不闻目不见，糟糕的国事和凄惨状况仍然存在，并不因此而消灭，而且一出国门，置身异地，夹在别国人里面，想念到自己国内的乌烟瘴气，所感到的苦痛只有愈益深刻。

《海上零拾》

我常于深夜独自静默着哀痛，聪明才智并不逊于他国人的中国人，何以就独忍受这样的侮辱和蹂躏！

《出了世界公园》

自命"学问"愈深的人，自私自利的观念也愈厉害，巧取豪夺的技巧也愈高明，献媚于帝国主义与军阀官僚而犹自鸣得意，自己反觑然认为"负责"的，都是"学问"号称渊博的人们！今后中国的一线希望，就系在天真朴实敢作敢为的大众！

《侨胞的愤慨》

人人有求生存的权利，国家民族亦有求生存的权利，在大同世界未达到以前，个人的生存常不得不附丽于国家民族的生存。

《宁死不屈的抗日运动》

我们目前既未能即"断"本庄等的"头颅"，与其答应亡国条件，不如任强盗据其赃物，作为全国抗日运动的痛心目标，绝对不与妥协，宁死不屈。

《宁死不屈的保护国权》

我们全国国民应下最后决心，即白刃加颈，头可断而仇货不买，军舰陆战队其如我何？

《宁死不屈的抗日运动》

然我犹主张宁死不屈的准备应战者，以为不战而死，不如战而死，全国死战偕亡，胜于怂怂觑觑做亡国奴，况且真能全国死战抗敌，或许于一部分牺牲外，尚得死里求生。

《宁死不屈的准备应战》

保护国权，须全国人人有决死之心；抗日运动，须全国人人有决死之心；准备应战亦须全国人人有决死之心；故人人有决死之心，实为救国的首要条件。

《决心之死和怯懦自杀之区别》

"慷慨自杀易，奋斗救国难。"要想救国就不该怕难，因为怕难就是怯懦，试问人人都来做"易"的事情，叫谁来干"难"的事情？

《决心之死和怯懦自杀之区别》

我们深信必须国内团结一致，然后始有抵抗外侮之可能，否则一切都无从说起。

《姗姗其来迟的和平统一会议》

国人不必自馁，应有牺牲的决心和奋斗的计划。全国团结一致，努力向前，义无反顾，与暴日抵抗到底，切勿于此时因循苟且，贸然画押与卖国卖身契！

《应有牺牲的决心和奋斗的计划》

在此种国际同情之下如再无破釜沉舟背城借一之计，实为世界上最劣等最无耻的民族，没有再生存的价值。

《前途如何？》

只知有国家民族而置个人生死祸福成败于不顾的大无畏精

神，倘能全国一致如此，谁能动我分毫？

《我们何以尊崇马将军？》

努力之道为何？在民众方面应准备毁家纾难，人人抱定宁为玉碎不为瓦全的决心，与暴日死拼，为民族争最后之生存，同时督促政府对日扩大作战；在政府方面应即集其精锐，严阵应战，一方面迅速出兵山海关，与马将军夹攻暴敌，分其军力，藉解黑省死守健儿之孤困。

《国际间的丑态毕露》

以国家民族前途祸福为考虑焦点者，始有力争最低标准之可言；在此标准之内，民族尚可力谋生存，在此标准之外，民族虽生犹死，虽可苟安于一时，终必灭亡而后已，与其坐而待亡，不如死里求生。

《革命政府和军阀政府的分界》

人心不死，民族亦永不死。昔人谓"哀莫大于心死"，我们可以说"希望莫大于心不死"。我们团结此不死之心，百折不挠，任何暴力，均非所惧。

《创巨痛深中的曙光》

我们回溯种种，痛定思痛，应深切觉悟怯懦绝不能求全，反而招侮，要求全只有奋勇抵抗的一条路走。我们从今以后，应下决心一扫怯懦的劣根性。

《最要不得的两种心理》

　　我们的武力虽一时不如人，失地虽一时不能用武力即行收回，只须有此永不妥协继续奋斗的精神，无时无刻停其种种方面之进攻与捣乱，最后胜利谁属，仍是一个问题。否则等于自甘断送，自趋灭亡，夫复何言？

《生死存亡的最大关键》

　　汉奸之所以令人痛心疾首，与众共弃，其罪恶在卖群自私，在相反方面，有不顾一身而为群众，其可钦敬亦超越寻常，群众之所以报之者应何如，乃愈值得我们的郑重注意。

《滕烈士之身后凄凉》

　　西谚有所谓"不自由，毋宁死！"诚以不自由之惨苦，较死为尤难受，而一个民族亦必须有决死以争自由之心，自由乃为有望。无论是自愿做汉奸，或是被迫做汉奸，其为民族千万世的罪人则一。

《一群可怜虫》

　　抗日阵亡先烈对民族的最大贡献，是他们所留给我们的不知生死不计成败，"为全民族求解放"的不屈不挠的向前努力与奋斗的精神。

《万家堕泪哭忠魂》

仅仅有志不够，有志而尚须具有奋斗的精神。共图民族的复兴，前途困难之多与所须抵抗力之大，实为意中事，所以我们必须准备和困难抵抗，必须存心和失败斗争，必须努力与忍耐兼备。

《忧虑国事自杀》

我们相信真正抗日的民众，在现在说话一定比一年前更少了。因为现在确已不是说话的时期，而是行动的时期。行动就是最有力的说话。

《〈"恋爱"和"抗日救国"的"机会"〉编者附言》

真正的"抗日救国"，只有参加广大民众行动才有办法。广大民众行动，不仅是"到前方去"，而且同时也是政治的社会的斗争，所以不怕没有机会参加。而且也绝不会"徘徊歧途"，因为民众的行动是只有一条路的。

《〈"恋爱"和"抗日救国"的"机会"〉编者附言》

不战不和的结果，我们已经看得很分明，就是暗中把大片领土出卖。而领土的出卖，在出卖者固然得到好处，等待五十年不迟。但被卖的人民，却在帝国主义的铁蹄下呻吟着叫苦，莫说五十年，就是五年也不及等待。

《〈胡适之先生是帝国主义的代言人吗？〉编者附言》

从前诸葛亮大演空城计可以吓退司马懿，现在军政诸公继续不断的大演空城计足以亡国灭种，如除演空城计外，无力演他种戏，便应该老实下台，因为这个舞台是和全国全民族有生死关系，不能供少数人尽作儿戏的。

《大演空城计》

中华民族有出路，我们才有出路；中华民族没有出路，我们也就没有出路可言。

《需要一条出路》

中华民族要走上她的正当的途径，不得不铲除障碍；要铲除障碍，无疑的是需要一个大的改革。但是改革不是盲动所能侥幸成功的，必须有充分的准备，具备种种客观的条件，然后真实的力量才能产生。

《需要一条出路》

我们的意志更应坚强起来，联络同志，共同奋斗，在黑暗中携手向前迈进，寻出一条光明的大道来。

《荷起枪杆》

我们只有各竭心力向前干去，一息尚存，此志不懈，干到死而不能再干，才撒手，而且还希望其余的同志继续向前迈进。天下事只怕不干，能干便无止境。

《荷起枪杆》

祸国殃民的最直接的第一列罪魁是自私自利的军阀；但是正当民族垂危的时候，拯救危亡，力图中兴，最直接的第一列元勋也要轮到忠勇奋发，为劳苦大众努力的军人。

《主笔与军长》

一般人的出路和国家全盘政治经济的出路是息息相关的。在国家全盘政治经济未有出路以前，一般人的出路是无法得到根本的解决的。

《主笔与军长》

舍身救同胞于危难，为民族抵抗帝国主义的残暴而牺牲，这是有意义的死！这是值得永远纪念的死！

《追悼殉难四童军》

民族的整个出路，在政治上的领导者能以大众的意旨为意旨，能以大众的力量为力量。

《一年一度的新年》

只须有真能有计划有决心有真诚有信仰而为民族奋斗努力领导的中心力量，必定有多数人自愿抛却身家性命一同向着前程迈进的。

《自援式的逃命》

这民族如一味的投降，退让，反而可使帝国主义将从殖民地和半殖民地所抢夺的赃物，用来维持它的残局；反过来，如这民族能积极斗争，使帝国主义不得高枕而卧，无法麻醉本国的大众，由此促进世界人剥削人的制度的崩溃，不但获得民族自身的解放，同时也是有功于全人类福利的增进：这是我们对于民族的责任，同时也是对于世界的责任。

《弁言》

其实中国的受人轻视，要除此侮辱，还是要靠我们中国人自己努力，自拔于"受人轻视"的境域。

《暑期大学的学生生活》

但我转念，又有深深地感觉到这是我们后死者同样要负起的责任，我们都当以同样的"置生死于度外"的态度，朝着民族解放的目标向前猛进。

《悼戈公振先生》

在我们的民族到了这样万分急迫艰危的时候，每一个人的聪明才力，乃至全生命都要集中于民族解放的大目标上奋勇迈进！

《寒假期内研究工作——导言》

国土已继续不断地被宰割掉，不能再容许我们踌躇不决和"准备""等待"了。

《〈我们的热血在沸腾着〉编者附言》

我们觉得有一点很值得注意的，那便是对于爱国运动不要把恶意来估量，否则徒然损伤民族的元气；而民众对于亡国奴的惨剧是终于要挣扎避免的，这里压下去，那里又要起来，客观的危亡事实推动着民众的救亡火焰，增高着民众的救亡热血，压迫的结果，只是更惨痛地消耗民族元气而已。

《读中宣部〈告国人书〉》

我个人既是中华民族的一分子，共同努力救此垂危的民族是每个分子所应负起的责任，我绝不消极，绝不抛弃责任，虽千磨万折，历尽艰辛，还是要尽我的心力，和全国大众向着抗敌救亡的大目标继续迈进。

《韬奋紧要启事》

所以依客观的分析研究，所谓准备，所谓等待，只是准备亡国，等待亡国！这是全中国不愿做奴隶的民众所不能容许的，所不应容许的！

《评两个主义》

到了今日，到了做奴或做人必须分路的今日，诸位教育家在这两条路之间，是必须很明确地很英勇地，选择一条最合于你们良心裁判的大路走的了!

《大学校长准备日军拘捕!》

向侵略国屈膝退让,结果只是使敌人得寸进尺,步步进迫,绝不是和平。却惟有抗战救亡,才能得到真正的和平。

《"绝不轻言牺牲"》

为祖国而生,为祖国而战,为祖国而死,现在已到了时候了。

《听一听年轻人的呼声》

只有团结国内人民的力量,联合国外反侵略的势力,立即武装全国民众,一齐向当前主要的民族敌人进攻,这样才是中国民族死里求生的唯一出路。

《今年的八一》

只有从民族解放斗争中间开展社会解放的斗争,而不是在社会解放的口号下,进行民族解放斗争,联合阵线的主要作用,就在这里。

《〈关于联合阵线和党派立场〉编者附言》

参加救亡运动的男女青年同胞们!你们的呼号声,是全国大众心坎里所要大声疾呼的呼号声!你们的愤怒的表现,是全国大众所要表现的愤怒!你们紧挽着臂膊冲过大刀枪刺的英勇行为，是全国大众所要洒热血抛头颅为民族解放牺牲一切的象征。

《学生救亡运动》

为民族英勇斗争的斗士诚然不怕死，但要在斗争中不怕死；志在杀敌，绝不自杀。

《杜羲忧国自杀》

我们应该深信中国的民众是绝不让国家灭亡，绝不让内外民族仇敌继续横行的，一个光辉无比的民族解放的伟大胜利正在向我们招手。

《大众生活社致北平全体学生的一封信》

中国在不抵抗中沦丧着一大块一大块的国土，这固然是全国民众所痛心疾首的事实，但是前仆后继的局部抗战也在光耀着民族的奋斗精神，这许多以热血为民族争生存的武装斗士，他们为国的牺牲，是我们所永远不能忘的；但仅仅局部抗敌，终不免被敌人收得各个击破的最后结果，所以我们现在要一致起来要求动员全国。

《北平学联的救国主张》

在这国难万分严重的时候，全民族里面，各人都应该各尽所有的力量，加入民族联合阵线努力；在另一方面说，凡是有一分力量可以贡献于这斗争的任何人，我们都应该鼓励他尽他所有的这一分力量用到民族联合阵线这上面来。

《统一与联合》

救国联合战线果要获得胜利，必须我们对这件事有极坚定的信仰，极热烈的拥护，极诚意的合作。

《关于救国联合战线的几个疑问》

抗敌救国是最伟大的，也是最艰苦的事业，需要坚决持久百折不回的努力奋斗，这固然是不消说的。

《民众的要求》

所谓正确的态度，是应该明白国难的拯救是要经过异常艰苦的历程的——尤其是中国今日的情形，民族的内外敌人对于中华民族的生命作空前的严重摧残，我们要突破重围，死里求生，非有坚决苦战的意志和不怕艰难的精神，是无法达到我们的目标的。

《民众与国难》

对于国难的正确观察是救亡运动的指南针，这件事固在民众对于事实有敏锐而正确的判断，同时文化界的工作者，尤其是新闻界的工作者，也负有很重大的责任，他们不但应对民众作准确翔实的情报，而且要对事实的前因后果，当前形势，作明晰透彻的分析，使民众不致受烟幕弹的欺骗，尤其是在现今汉奸理论传布毒素的时候。

《民众与国难》

"忠"的最大意义是忠于国家,忠于民族。

《论民族固有道德》

我们的民族祖先,遗留给我们一个广大富庶的国土,和一个足以夸耀世界的民族文化。我们要保全这国土的独立完整,要发扬我们的民族文化,和世界的新文化汇为一流,这样我们才算对得起我们的民族祖先,我们才算是孝子仁孙。

《再论民族固有道德》

每一个青年学生,每一个爱国民众,都应该了解时事,训练自己,教育别人,努力为民族解放奋斗。

《怎样研究时事动态》

推母爱以爱我民族与人群。

《在江苏高等法院看守所题词之三》

"展望"在现在还有一种意义,那就是我们——整个中国同胞们——都要继续不断地睁开眼睛展望展望世界的大势,展望展望中国的现实,不为任何个人或任何集团的利益所蒙蔽,放大眼光,展开胸怀,时时刻刻把整个民族的利益做一切的思想和行动的目标。我们要万众一心，向着这个目标共同努力，共同奋斗！

《展望·弁言》

当然，中华民族解放的最后成功是要靠整个中华民族自身的努力奋斗，并不是可以徒靠别人的同情乃至赞助所能见效的。我们拥护世界和平，正是要努力使我们自己来参加反侵略的工作，是积极的，绝对不是消极的坐待别人来帮助我们。前者是把我们对于民族解放的努力，和参加世界和平运动的努力联系起来；后者便是没出息的依赖性：这两方面是不可混为一谈的。

《展望·侵略与和平》

中国对于世界和平，也负有一部分很重要的责任；这个责任就是要在事实上"以斗士的精神"，以整个民族的集体的"斗士的精神"，制裁危害我们民族的生存而同时也就在扰乱和平的侵略者。这在一方面，固然是四万万五千万的人民所组成的伟大民族，对于自己以及对于世界所应毅然决然担负起来的历史使命；在另一方面，这种使命的执行，也是响应着世界大势的正确倾向，有着无数的友军。这是我们所要深切认识的，要用团结御侮的努力向前争取的。

《展望·沉痛的回顾与光明的展望》

我们所谓中国的利益，是指中国的独立自由，并不是要步武装侵略的国家之后尘去侵略别人。在目前我们固然没有力量去侵略别人；就是将来有了力量，我们也不愿干这样的勾当。

《展望·中国的立场》

我们中国人站在中国的立场，也可以主张世界若要真正得到和平，必须扫除扰乱世界和平的原因，也就是必须制裁侵略者的扰乱。侵略我们的国家尽管也在高唱着"东亚和平"，它在实际上的行为是在扰乱"东亚和平"，这是天下所见的。我们不能因为他们也在唱着"和平"，便不敢参加世界和平运动，因为世界的和平阵营正是和侵略阵营对立着，我们站在中国的立场，应该加入和侵略阵营对敌的方面。我们这样做，不是为着任何别的国家，是为着中华民族争取独立自由而做的，虽则我们对于反侵略的努力，间接也是有裨于世界的真正和平。

《展望·中国的立场》

世界的中国人在以往是全靠着他们个人的挣扎而打出天下的，祖国对于他们只有万分的惭愧。但是时代不同了，仅仅靠着无组织的挣扎是终于要被淘汰的。世界的中国人，倘若没有健全的祖国做后盾，前途是很暗淡的。据我在海外和侨胞们接触的结果，知道他们对于这一点都有着深刻的了解。我深信祖国一旦发动民族解放的抗战，他们一定要作英勇的参加，热烈的拥护。

《展望·世界的中国人》

力争救国无罪不是为个人是为着救亡运动的前途，不许侮辱人格也不是为个人是为中华民族人格的光辉。

《萍踪忆语·在江苏高等法院看守所题词之五》

我们的国家民族的光明地位是要我们用热血代价去换来的，是要我们肩膀紧接着肩膀对着我们民族的最大敌人作殊死战去获得的。

《萍踪忆语·在江苏高等法院看守所题词之七》

个人没有胜利，只有民族解放是真正的胜利。

《萍踪忆语·"七君子"获释后在群众欢迎会上题词》

天下惟有努力奋斗的民族，才能引起人们的敬重。无论道德上的声援，或进而得到物质上的援助，都必先从自己的努力奋斗开始。

《萍踪忆语·美国人民对中国抗战的同情》

只有自主的外交能得到民众的后盾。民众所要求的是国家的独立和民族的生存，自主的外交就是以国家的独立和民族的生存为目标的。以这样为目标的外交而失败，国民不但绝无怨怼，而且要排除万难，受忍艰苦，共同奋斗，打出一条活路来。

《自主外交与民众后盾》

全国的精诚团结，是一件很艰苦的事情，现在的统一，已经费了不少人的努力，其间还不免有若干隔阂和摩擦是势所难免的，我们只得以诚意设法消除误会，巩固全国的精诚团结，并希望各方面都以诚意设法消除误会，巩固全国的精诚团结。在此抢救民族危亡的时期，真能以实际努力的效果与国人以共见者，必为全国民众所竭诚拥护，任何人所不能抑制的。

《萍踪忆语·答徐广弈》

依最近事实的进展，我国就是要立刻停战而和敌人妥协，也是不可能的了，因为日军阀的欲壑难填，中国又不甘于亡国，这种趋势是一天天更显然了。所以中国目前只有两条路走，一条是坚持抗战，争取最后的胜利；一条是直截了当的亡国。

《萍踪忆语·答赵汝山》

首先我们要用种种方法使各党各派乃至各个人彻底明白中国目前所应争取的只有一个利益，那就是整个民族的利益，再说得具体些，就是要群策群力，使中国不至沦亡于日本帝国主义；这民族利益是高于任何党派任何个人的。

《答案一束》

在这抗战的时期，只要是抗日的力量，无论什么党派，它的力量的增加不但不应该引起任何方面的"疑虑"，应该要认为是抗战力量的增加，反而是一件可以欣幸的事情。

在这民族生死存亡关头的抗战时期，任何方面，只须是对于抗战最坚决，对于抗战最忠诚，对于抗战最出力，对于抗战贡献最多最大的，它必然更得到全国人民的信仰，它的力量也必然随之而大大地增加。所以任何部分要增加自己的力量，其枢纽并不在压抑别部分的力量的增加，却在乎自己在这抗战大时代中作更大的努力，对抗战有更大的贡献，在这方面与别部分竞赛。

天下只有前进的力量能增加，落伍的力量不但不会增加，而且只有一天天地减弱。明白了这一点，便知道徒然惧怕别部分的力量的增加，是自己没有自信心的表现，是自己不愿出力而又不愿别人出力的表现，是最没有出息的念头！

《答雪令》

有些人认为忠实的批判就是责难，就是怪这个，怪那个，依这些人的意思，他们所需要的只是自欺欺人的一味歌功颂德，不许对以往的事实有所检讨，有所批判，否则便是大逆不道！但是国家民族已到了这样的紧急关头，我们为着国家民族的前途计，不应该有所顾忌而缄默无言了，我们应该知无不言，言无不尽，我们必须抉出以往的错误，才有纠正的可能；我们必须抉出以往的缺憾，才有补救的可能。

《抗战一周年》

我们的共同敌人日本帝国主义所最希望的是我国内部的分裂，因为内部分裂便减损了抵抗侵略的力量，与我们的敌人是有大利的；在我们热诚爱国的全国同胞所最要努力的是全国精诚团结，用整个的民族力量来对付侵略我们的暴敌，来争取民族解放的最后胜利。

《参政会有了什么收获》

我们固不能忽视对工人的政治宣传，用各种事实去揭穿敌人的欺骗，打破许多落后工友的迷梦，但我们最最要注意的，还是要对他们的生活想办法，顾及民生，是增加抗战的力量。

《〈敌人在诱惑我们失业工人〉编者附言》

自从抗战爆发以后，我们就听到各地监狱发出普遍的要求恢复自由，献身民族国家的呼声。无疑的，这种呼声，我们是充分同情的；尤其对于政治犯，我们早就主张在今日全国各党派精诚团结下，应该一律释放，共赴国难。

《铁窗内的呼声》

诚然我们的民族解放是要靠我们自己的努力，但是在外交上争取有利于我们的形势，也是在我们自己努力范围内很重要的一个部分。当侵略者横行无忌残酷绝伦的时候，由两个爱好和平的伟大的国家公开斥责侵略的战争，震惊世界，暴露罪恶，在"蛮牛颈项"上"插入""一只火箭"，在侵略者方面当然是一个严重的打击，在反侵略者方面当然是一个优越的形势。这外交上的优越形势，对于我国抗战的前途也当然是有利的。

《一只火箭》

我们每想到前线战士的为国牺牲，没有不感泣兴奋的。但徒然感泣兴奋是无济于事的；我们必须赶紧努力于整理内部，用前线战士的同样紧张的态度，努力的精神，牺牲的决心，分头在实际上建筑或巩固后方的"防御工事"，保障光荣的军事胜利；这样才对得住前线艰苦作战的战士，才对得住为国牺牲的无数烈士！

《整理内部》

我们每想到前线战士为国牺牲的惨烈，都应该感愧奋发，更以赤诚为国效命。尤其是平日受国家优厚的待遇，而对国事并未有切实贡献的人们，对平日所受待遇菲薄而临阵视死如归的抗战先烈，应该愧死！全国同胞于哀敬之余，尤须在事实上从种种方面保障抗战的最后胜利，同时还要提防潜伏的大汉奸们蠢蠢思动，死灰复燃，为个人的私利计而宁愿中途妥协，出卖民族利益。这种潜伏着的祸患，必须在广大民众的严厉制裁之下才能根绝的。

《哀敬中的奋勉》

我们无辜同胞的惨痛的牺牲仅仅暴露敌人的兽性，使全世界知道世界上竟有这样兽性的横行，这还不够；我们要努力保持抗战到底，要保障抗战的最后胜利，要绝灭投降妥协者的抬头机会，使中华民族由这次的抗战终于得到解放，然后我们的将士和无辜同胞的牺牲才算得到了相当的代价，然后他们所流的血才不算是白流的。我们悲愤于这样惨痛的为国牺牲，唯一报答之道，是要努力争取抗战的最后胜利，严厉制裁动摇的分子。这样才对得起惨死的同胞。

《惨痛的牺牲》

日本帝国主义利在速战速决，中国则利在以消耗战使敌人疲于奔命，疲于应付，增速敌人国内经济的崩溃，加深国际形势的矛盾，耐受艰苦的历程，期获最后的胜利。

我们的眼光要放大，注视整个中国的抗战与出路，要有民族解放最后胜利的信心。

《上海战事的最近变化》

当前最最重要的一点是要全国一心一德抗战到底。如能抗战到底，那么在消耗战的艰苦过程中，一时一地的小挫不致影响到最后目标的达到。这样消耗战才有意义，因为消耗战的作用是要疲敌，不能持续即不能显现其疲敌的作用。

《最重要的一点》

怯懦乞怜只能引起卑鄙的恶劣感觉，惟有英勇抗斗才能引起同情与钦敬。

《孤军抗战的教训》

抗战国策是已经确定的，但是在执行这个国策的过程中，必然有着种种的危机和障碍，需要全国人民共同努力奋斗来克服。尤其是遇着军事上一时的失利，往往有一部分人在心理上动摇着对于抗战国策的信仰，甚至有些潜伏着的汉奸乘此机会活动，散布所谓"和平"空气，在危机的时期动摇人心和士气，在这样的时候，我们必须防微杜渐，以坚决的态度，作不容情的制裁。这不是怀疑政府，正是拥护政府的抗战国策。

我们的一切批判和建议，我们的一切努力，一切推动，都是要把拥护抗战国策为中心。

《拥护抗战国策》

我们绝对不会轻视军事在抗战期中所占的重要的位置，不但不会轻视，而且是一致地尊崇，这只要看一般民众对于浴血作战，为民族争生存的前线战士，属望殷切，爱护备至，便可概见，但是军心和民气是有密切联系的，近代的战争，尤其需要大多数人民的支持，就这一点说，造成正确的舆论，唤起国民御侮的意识与坚决国民奋斗的意志，文化工作的重要是谁也不能否认的。

《文化工作与国民动员》

我们明白了战的反面，对于抗战才能下最大的决心，对于抗战才能坚持到底。我们明白了战的反面，才能深刻地感到保存五千年文明和卫护千万世子孙的责任都在我们的肩上，是我们要用任何牺牲去争取的。

《战的反面》

促成精诚团结原是一件非常艰苦的事情。精诚团结的障碍是私意，是成见。私意和成见占据人们的脑袋，一旦要完全洗刷干净，原本就不是一件很容易的事情。这个过程需要时间，需要一番忍耐苦干的功夫。现在中国在敌人残酷侵略之下团结了，以后还需要巩固团结，使一致抗敌的伟大事业不致受到中途的破坏，这是我们大家所要共同努力的。还有一点我们也可以注意的，那就是以整个的民族利益为前提的集团才能真正获得全国民众的支持，这是时代的要求，谁也无法违反这要求而还能侥幸存在的，违反的人们徒然心劳日拙，自掘坟墓而已。这种人也许暂时还可以趾高气扬，自鸣得意，但是种瓜得瓜，种豆得豆，他们的末日是快要到来的。向着光明坦途迈进的人们，尽管在艰苦中奋斗，终能克服困难而获得最后的胜利。

《关于精诚团结的忧虑》

去年八一三在淞沪所发动的英勇抗战，粉碎了敌人三个月可亡中国的呓语，引起了全世界对于中华民族的惊畏敬佩，这在中华民族解放史上是占着最光荣的一页，但是这光荣的一页是用了千万战士及遭难同胞的热血写成的，我们在这令人无限兴奋的最可纪念的一天，不得不沉痛默念为国牺牲的赴义战士和遭难同胞，我们后死者要不使他们的热血白流，要作更大的努力，使他们所卫护的祖国得早日脱离苦难，使他们所痛恨的敌人得早日被驱除于中国的国土之外！这是我们在纪念八一三周年的今日所要切实认明的又一点。

《纪念八一三》

日寇对中国的侵略，它的企图是想打到中国"屈膝"，这是他们在战事开始的时候，就由日本帝国主义代言人近卫公开宣布于全世界的呓语。"屈膝"是"做奴隶"的另一种说法，我们不愿做奴隶，不愿以此侮辱我们的祖宗先民，不愿以此残害后世子孙，惟一的途径只有巩固团结，坚持抗战。

《〈保卫大武汉特刊〉发端》

为人类正义而努力，为国家民族而奋斗，志士的热血是终不会白流的。一部民族解放史就是要用许多志士的热血写成的，联魁先生的惨死，我们固然悲愤填膺，但就他本身来说，是有很大意义的牺牲，我们愿以这点奉慰仁慈爱国的元昌先生。

《〈一个救国志士的惨死〉韬奋按语》

就我们中国自身来说，只有加紧抗战的努力，以铁和血来争取我们的自由，以铁和血来答复疯兽的残暴。

《"桂林"号的惨剧》

中国的命运是操在中国人自己的手里，绝对不是任何其他的国家所能任意牺牲的。所以即使日寇有它的迷梦，也是要被粉碎的。

我们应该更加紧努力，不应因日寇的回光返照的更疯狂而模糊了我们的神圣的信念与伟大的前途！

《日寇侵粤与抗战前途》

所谓抗战必胜建国必成的信念，是说在我们全国团结猛进努力的条件下，由于主观客观形势的推移，必然可能获得最后的胜利；并不是随便说一句空话以自慰，学阿Q式的"精神胜利"！就客观形势说，敌人今后的困难，因无法达到提早结束的目的，必然比以前更大，并不比我们的困难少些。

《以更大努力承接新局势》

中国人的命运之决于自己之手，所谓自力更生者即是。不相信自己力量，完全依靠外力，那只是少数无生存活力的奴才们的悲观绝望的心理，自然是不对的。

《〈辟"不正确"的言论〉编者附言》

我们在现阶段的重要任务是在尽力阻止敌人进攻，而要达到这个目的，不仅要在正面有得力的正规军抵挡敌人的进攻，同时在敌人后方的广大沦陷区域内，还需要发动广大的游击战以牵制敌人，这样前抵后拖，才能大量消耗敌人疲惫敌人。

《集中注意的西南与西北》

我们在以前都听过"保卫大上海"的呼声，但是后来"大上海"终于陷落了；我们在以前也都听过"保卫大南京"的呼声，但是后来"大南京"也终于陷落了。也许有人要觉得"保卫什么地方"的呼声，简直是什么地方要陷落的丧钟，因为这个名词的信用似乎已经破产的了，但是我们却不能因为以前的"保卫"不能达到目的，就认为我们便没有保卫其余国土的必要；我们要保卫祖宗所遗传下来的具有五千年历史的祖国，我们还是要提到"保卫"这两个字。我们在这里所注意的是要深刻地研究以前的"保卫"何以不能达到目的，要很坦白地寻出他的原因来，迅速补救，这才是正当的办法。

《保卫大武汉的先决条件》

抗战高于一切，民族利益重于一切，在这个大原则下，个人的利益与民族的利益冲突的时候，我们应毅然为保全民族利益而不能顾到个人的利益。

《整饬军纪》

军事胜利的本身就同时脱离不了民众的种种方面的辅助与支持，而且经过严密组织与训练的民众，沉着镇定，根据有计划的步骤而行动，必然地能够做到虽胜不骄虽败不馁的地步，并不致因为过程中的偶有失败而便消沉下去。所以讲到民气的鼓励，也是要注意到经常的积极的工作，而不仅是一时感情上的表现。

《鼓励士气与民气》

我们要在胜利声中特别注意加紧的努力；我们要把由胜利所唤起的激扬飞越的民气，集中于增加国力的加紧努力。我们不要让这可贵的民气飘荡过去，稍瞬即逝，我们要使它沉着坚定，锻炼成坚强的钢铁，在实际的工作上作切实的努力。我们要认识第二期抗战开始后的所有的成绩，是在极艰苦的环境中切实努力得来的，我们要保持已得的胜利，争取更大的胜利，要在更艰苦的环境中作更切实的努力，才能达到我们的目的。

《胜利声中的加紧努力》

我们在这里所要特别提出一点贡献的是我们不但要努力宣传而已，同时还要注意怎样宣传才能收到最大的实效？我们认为这个问题的答案是：要从民众的切身利害着想，要从真正解决民众的实际困难着想。

《雪耻与兵役扩大宣传活动》

在中国抗战御侮的今日，最高的崇拜当归于不顾个人牺牲为国奋斗的民族战士，最可崇拜的道德当属于不顾个人牺牲为国努力的辛勤工作。

《欢迎战地记者徐州归来》

我们为着争取光明的前途，不得不忍受艰苦的过程，但是在艰苦的过程中，必须很坦率地接受过去的教训，补救所发觉的缺憾，这样才能加强抗战力量，克服一切困难，与我们的民族敌人作不断的坚持，进一步实行猛烈的反攻，达到我们国家自由解放的目的。

《光明的前途与艰苦的过程》

人谁无死，死有重于泰山，有轻于鸿毛，为国牺牲的战士的死，才是最有价值的死!

《敬悼不受伪命的刘湛恩先生》

青年们的"热情"是一切进步和事业的源泉，但是必须把这"热情"引到正确的道路上才能发挥光大它的效用，否则在"苦闷"中消耗去，不仅是个人的损失，同时也是国家民族的损失，尤其是在抗战的重要时期内，这种消耗是尤其不该有的，是尤其应该设法避免的。

《〈一个小女孩的信〉编者按》

一方面，中国的"革命列车"总是向前进的，在前进的过程中，虽不免要经过不少的艰苦困难，但总是向着光明的方向，总是向着进步的方向。其中虽有些动摇分子脱离了革命，脱离了民众，使自己陷入黑暗和落伍的境域里面去，遭受历史车轮的无情的淘汰，徒然替自己掘了坟墓，引进坟墓；但是民族解放的斗争仍然是向前迈进，不达胜利不止。

《国内外形势的好转的加速》

中国不再是驯服的绵羊，中国已是怒吼的醒狮了！

《"一二八"与当前的抗战》

我们应该本着诸烈士的艰苦奋斗的精神，向着诸烈士所遗下的未竟的事业，配合当前国内国际的形势，加紧努力，才是真正纪念黄花岗的诸烈士！

《今年的黄花岗烈士纪念》

坚决抗战的中国根本不能允许他人的出卖，谁也不能以中国作妥协的牺牲品。

《欧战爆发与远东的关系》

中国抗战必获胜利的枢纽就在我们的反侵略的战争是进步的战争，所谓进步的战争，并非说我们是已经完全进步之后才从事战争，却是说我们的力量是应该随着战争的进行而猛进，但是我们必须朝着进步的方向走，必须有意识地努力求进步，而不要恐慌进步，不要自己不进步而打击别人的进步，要使自己和别人同样的进步，然后才能迅速加强抗战的整个力量。

《九一八的八周年纪念与当前的急迫任务》

敌阀必然要坚持它的侵略，我们必然要坚持我们的反侵略；敌阀的坚持侵略是用暴力来压迫全国民众，因为这是他们全国民众所不愿的；我们的坚持反侵略是可以发动广大的民众力量，因为这是我们全国民众所心愿的。所以我们的作风可以而且应该和敌国的不同。

《敌议会中的斋藤悲观演说》

我们不仅要提高警觉性，不为敌人的谣言所欺骗，我们不但要辟谣，而且要以铁的事实粉碎敌人的谣言。敌人谣传我们"媾和"，我们必须以巩固团结和加强抗战的铁的事实来答复它。

《造谣与辟谣》

但是我们深信政治的逆流只是暂时的现象，中华民族的前途仍然是光明灿烂的，因为中华民族自有它的潜在的伟大的力量！

《曲线升降的四年来政治》

我们只须自己是为着国家民族的利益而努力，问心无愧，理直气壮，尽管有人毁谤，不足损害我们的毫末。

《理直气壮何惧于毁谤》

我们要达到中国民族解放事业的成功，必须团结全国人力共同奋斗，而不是仅限于全国各抗日党派的团结。

《共赴国难的党派团结》

我们无时不准备重返祖国，今虽身在海外，亦不愿自安于明哲保身，愿始终坚守文化岗位，追随海内外同胞之后，力争祖国之进步与光明！

《我们对于国事的态度和主张》

我们都渴望中国获得自由解放。我们都明白中国的自由解放对于我们每一个人的福利乃至我们子子孙孙的福利有着不可分离的关系，所以我们对于"国家至上"的口号是至诚热烈拥护的。

《老爷与老百姓不平等论》

抗战的神圣火焰燃遍每一个爱国青年的心情，他们的空前的热烈的情绪至少表现在两方面，一方面是以无比的热情为抗战服务，一方面是以无比的热情为抗战求知。千万男女青年为着拥护抗战，参加抗战，而过着流亡生活，他们不怕惨苦的流亡生活，每念不忘的是求得参加抗战工作的机会，尽量贡献各人的聪明才力于正在苦斗中的祖国。

《自动奋发的千万青年》

中国抗战的胜利，和每一个中国人的福利都有着不可分离的关系，这个真理的认识，以侨胞为最深刻，所以他们对于有益于抗战的事情，没有不尽力拥护，竭诚努力，对于少数人的妥协投降危害国家民族的行为，也极端愤怒，严厉制裁。

《热烈爱国的千万侨胞》

英勇卫国的民族战士，奋发英俊的千万青年，艰苦奋斗的沦区同胞，热诚爱国的海外侨胞——这许多广大的爱国民族是中华民国广大而巩固的基础，是中华民族光明前途的骨干。这样的有着无限光明前途的祖国是我们所值得爱所不得不爱的！我们不否认中国有着局部的黑暗，有着一时的逆流，但是我们只有共同消除这局部的黑暗，这一时的逆流，使我们的祖国渡过难关，踏上坦途，而不应该看到局部的黑暗一时的逆流而忽视了中华民国仍然有着她的广大而巩固的基础，中华民族仍然有着她的光明前途的骨干，而发生消极或悲观的情绪，这绝对不是具有五千年文明历史的黄帝子孙所应有的态度。

《爱我们的祖国》

我说不得不爱我们的祖国，这是因为身为中国人，只有使中国独立自由，个人在这世界上才能得到真正的保障。

《爱我们的祖国》

我们要做一个堂堂正正的人，就不得不爱我们的祖国！如今我们的祖国还有着这么大的爱国民众做她的基础，还有着那么无限的光明前途，值得我们爱，这不是更使我们够兴奋的事情吗？

《爱我们的祖国》

大多数的中国人民，为爱护祖国，为争取祖国的光荣前途，必须明白自己的责任，必须明白努力的动向。

《爱我们的祖国》

做一个光明磊落的国民，只能做有益国家民族的光明磊落的事情，遵守国家法令就是光明磊落的事情，我不能于国家法令之外，做任何私人或私党的走狗！"仰承意旨"的玩意儿是我这副硬骨头所干不来的！

《与党部"特务"首领的谈话》

我对于国家民族的光明前途，对于抗战必胜建国必成的光明前途，有着坚强的信念，虽则我同时并不讳言，在我们共同努力奋斗的过程中，我们有许多困难须要克服，有不少危机须要警觉。

《关于态度和主张的补充说明》

民族解放战争是一个伟大而又艰苦的事业。在抗战过程中，必然会不断遭遇新的困难，产生新的危机，这是可以想象得到的。但抗战必须获得胜利，而且是一定能够获得胜利的，因为只要有决心，有热情，有诚意，发挥全民力量，纠正种种缺陷，则困难必然可以克服，危机也必然可以解除。

《我们对于国事的态度和主张》

在这些新的变化中，包含着光明的前途，同时也存在着潜伏的危机，我们为着加速抗战最后胜利的到来，为着加速建国必须成功的实现，必须加紧努力，克服危机，争取光明。

《纪念第五"八一三"》

为着国家民族的前途，我们对国事不能漠视，而且深信由于海内外爱国同胞对于真相的明了及推进政治改革的热心，终必消除黑暗，增进光明。

《遄京侨胞对国事的关切》

因此我们深信今日我们祖国所最需要的是坚持抗战，巩固团结，实现民主，而其核心问题是政治的改革，使清明政治，廉洁政治能在事实上出现；而这方面的推进，"海外中国"对于"海内中国"又必然有其伟大的贡献。

《"海外中国"与"海内中国"》

我们为着国家民族的光明前途，必须始终坚守进步文化的岗位，与黑暗势力奋斗到底。

《离渝前的政治形势》

无论国家或个人，要保护自己应享的正当权利，要抵御无理的外侮，非有实力不可。国家靠武力来侵略别国，固然要不得；但是国家没有实力抵御强暴的掠夺，也是大可羞耻的事情。个个靠强力来欺凌别人，固然要不得；但是没有实力以自卫，没有实力以卫所亲爱的人，也是大可羞耻的事情。

《一位英国女士与孙先生的婚姻》

第二辑

永远立于大众立场

国民程度太不整齐的国家，大多数对于国事淡如水，于是少数"坏坯"乃得大显神通，无恶不作了！就是有少数贤明的执政者，倘无多数有知识的民众做后盾，也处处厄于牵掣，不能有所作为。所以开通民智，普及教育，终是立国的大本。

《在欢呼民众前的一副面孔》

社会上各业里的职务，范围有大小之不同，于是职位有差异，似乎不能遽目为阶级，不过"横暴压迫"，确有改革之必要。至于做了十年，既不易擢升，又不获较优的待遇，典业中有这样缺憾的制度，我们希望该业领袖鉴于时代潮流，从早自动的改革一下，勿俟积怨爆发难于收拾的时候，方始惊慌失措。

《〈可怜我这般的人生〉编者附言》

法律应该不认得贫富，不认得阶级，是一律平等的。我们做国民所求于政府的，最重要的是这件事；政府所当自策的，最重要的也是这件事。

《那样富也无可如何》

无论什么旧道德，或是什么新文化，我们都要用理性和新时代的眼光，加一番思考，重新估定他的价值。如于思考估定之后，认为是合于理性及适于新时代之需要的，不管新旧，都应该提倡；如于思考估定之后，认为是不合于理性及不适于新时代之需要的，不管新旧，都应该排斥。盲目的从新和盲目的守旧都不对。

《〈慌慌张张偷写的一封信〉编者附言》

我们觉得盲目的反对和迷信是一样的不该：我们以为要先加一番甄别工夫，如有可作我国的取镜或比较可采用的，无所用其深闭固拒；若不论利害而一味的盲从，则亦无益而反有害。

《平民化的贵族生活》

讲到失业问题，倒不是中国独有的现象，各国都有，不过程度有紧迫和缓之别而已。但是各国关于这件事和我们中国似乎有两点不很相同：一是他们的政治当局对此事之力谋救济，视为极迫切而重大的责任；二是他们只有失业问题，没有流氓问题。

《某元老的流氓问题》

我国天天但闻建设的空谈，随处听到民生的高吹，而当前惨状如西北灾荒奇酷，不知锦衣玉食养尊处优之显贵亦有所闻否！

《〈生活〉周刊第 5 卷第 11 期小评坛》

中国的穷是大家知道的，但是中国现有的教育却在养成善于养尊处优而没有实际工作和生产能力的惰民——也就是所谓高等游民。这也不能徒怪莘莘学子，现有的教育制度不合中国的经济能力，不合中国的社会需要，根本不对。因此徒然造成许多只能消费而不能生产的高等游民，由许多的高等游民再造成更多的高等游民，递相制造，若不再想法从根本上改革一下，恐怕要把大中华民国变成"高等游民国"。

《现有教育制度的罪恶》

虽然，任何群体中的领袖都不是由天上丢下来的，是由那群体里分子中出来的；有善始的领袖之得以善终，也全靠那群体中分子有监督的能力。念及此两点，国民也只有自责自勉而已。

《民众厌乱心理中的政治领袖》

记者之作此语，绝对不含政府是出于慈善性质而应有此办法，却是表示这是政府对人民应负的责任。

《谁的责任？》

个人对于一己事业的决心，其持续恃自己之奋斗进修与师友之启迪夹辅；有关国利民福之大计，其进行与实现能否不违背最初之决心，则有赖于国民舆论之严正的监督。

《万象更新中的决心》

以少数人剥削多数人牺牲多数人而享福，这是人群蟊贼，民族罪人，应该群起铲除，不许存在。

《张难先之难能》

真理愈辩而愈明，民间即有所误会，其消除方法，莫善于说明，说明能启其思想，开其茅塞，而坚其信仰之心；莫愚于用武力压迫，或以盛气相凌，消极方面徒使全国暮气沉沉，民意无从表现，政轨何所遵循，积极方面反为真正反动者制造民间悒郁愤怨之心理，以为混乱之导火线，则又何苦？

《对于批评应有的态度》

我们服务国家或社会，最重要的是"开诚布公"，"大公无私"的态度。有益于公，虽有私怨，不宜以私害公；无益于公，虽有私谊，亦不宜以私害公。这才是大丈夫应有的光明磊落的态度。

《一位女同志的粽子》

我们诚要开通风气，最低限度的基本道德，须能严格的尊重对方的意志自由：换句话说，即绝对的不得以一方面的意思强迫对方以必从。我们诚然赞成"男女平等，交际自由"，但所谓"平等"是两方都立于平等的地位，谁也不应压迫谁；所谓"自由"，要以不侵犯他人的自由为范围。

《无耻》

平民无权无势，似乎是最易欺侮的，但是平民的不平心理却也是最可畏的，郁积既久，必有爆发而不可收拾的日子。可惜这种不平之鸣不是大人先生的贵耳朵所听得见，或虽听见而仍置之不闻不问，因为这种苦头横竖不是他们所享受得到的！

我以为在社会方面应尽量的设法减少万恶的环境，在个人方面应尽量的养成抵抗诱惑的能力。"社会"似乎是一个很空洞的东西，所以苏凤君说它"是不会自己来辩白的"，但是负地方上治安之责者便不无可以努力之处。

《几死毒手的白英女士》

我们慎勿以为几根火柴微乎其微，"中华全国数百万火柴工人命危旦夕"（江浙火柴工会呈文中语）固非小事，而一国的经济基础尤在日用品之能自维持，所以我们很希望工商部当局仍能速筹"结果极佳"的救济，勿让"瑞典商务大臣"专美才是。

《敬告工商部当局》

照理，大多数人的共同制裁力以及主持公道的力量都比极少数人为强烈，何以反以大多数人而受制于极少数人呢？此中有一个极重要原因，就是号称好人者都喜欢处于袖手旁观或中立的地位，所谓不喜管闲事——其实是有切身关系的大事——于是大多数人的共同制裁力等于零，公道消灭，正义无存，一任极少数人之横行无忌。否则以大多数人的共同制裁力来维持公道，主张正义，极少数人都须抱头鼠窜而逃，尚何有作威作福之余地？

《再论学潮之谜》

上述之西北垦殖团能否负得起这个责任，我们无从悬断，惟结团殖边的宗旨所在，实值得政府与社会上有力人士的特别注意与考虑，只须有切实的办法与保障，则振臂一呼，万人立集，并非不可能的事情。

《先锋如何？》

政既是"众人之事"，和"众人之事"有密切关系的"众人"对于"众人之事"应具有浓挚的兴趣与顾问的热诚；报纸是"众人之事"的报告与批评，所以看报人民的数量和这种兴趣与热诚成正比例。我国看报人民数量如此之少，便足表示"众人"对于"众人之事"注意者不"众"，"众人之事"弄得这样不好，这便是一个很大的关键。

《中国看报人民的数量》

故积极推广教育，实为巩固国基的唯一途径。只要"众人"能共同注意"众人之事"，什么贪官污吏，什么土豪劣绅，什么军阀政客，都不得不销声匿迹，抱头鼠窜。

《中国看报人民的数量》

愚妄之见以为欲保持国人对于考试的信仰心，考后须有任用办法，用后须有保障办法。用人制度不改，考试制度无用。

《考试声中的希望》

我们所信守的正义，是反对少数特殊阶级剥削大多数劳苦民众的不平行为；换言之，即无论何种政策与行为，必须顾到大多数民众的福利，而不得为少数人假借作特殊享用的工具。

《我们最近的思想和态度》

能以坚苦卓绝自我牺牲廉洁公正忠勇奋发的意志与精神依此两种目标而为大多数民众努力者，即为我们理想的政治。

《我们最近的思想和态度》

人生享用是应该的，不过不应该是少数剥削阶级的专利品。

《苏俄的妇女（下）》

抛开政治的改造而专言社会事业的发展，这是痴人说梦，自欺欺人之谈！

《政治和社会的连锁性》

追求幸福，是人类的当然欲望，原不含有何种的恶劣性，但个人既不能离群而生活，既成为社会中的一分子，不顾到群众的共同福利而但知个人一己福利的追求，则为群中的蟊贼，一群的罪人。

《新时代所不要的几件残物》

从前的教育不过为少数人骗得功名利禄的敲门砖，今后的

教育当顾到全民族的全体人民的幸福，一方面要藉教育提高全体
国民的生产力，一方面要藉教育训练全体民众具有接收真正全民
政治的能力。

《平等机会的教育》

　　讲到区区所梦见的个人生活，当然是梦见我自己无忧无虑
欢欣鼓舞的做共劳共享的社会中的一分子，在全国生产大计划
中担任我所能做的一部分的工作。在那个梦境里，我不怕有业
时尚有内顾不了和后顾不了之忧；在那个梦境里，四围没有愁
眉苦脸的无告同胞使我如坐针毡，精神上感觉无限的苦痛，在
那个梦境里，我得在无忧无虑欢欣鼓舞中尽我能力对全体大众
尽量的贡献。

《梦想的个人生活》

　　国政之能上轨道，政府之所以能取信于国民者，即在此是
非严明，赏罚不苟，也就是所谓法治的精神。

《哀监察院》

　　官不许富，然后民可救穷；必须自甘俭苦，然后才说得到
廉洁，否则只有口上仁义而心里盗贼。

《甘地又来了》

　　法治与人治是要相辅而行的，贪官污吏遍地皆是，穷奢极

欲视为当然，则招牌尽管好看，嘴巴尽管好听，实际的良好功效还是绝对无望的。

《谈朱子桥先生》

真要达到和平的目的，在政治上宜有澄清吏治的实际决心与行为，以坚国民的信仰；在国民方面应辨别是非，注意督察，认为营私自利而以国家安危为孤注之一掷者，即应毅然从种种方面采用"不合作"主义，务使势孤力薄，自掘坟墓。

《呼吁和平的实效几何》

无论任何良好制度的创行，在最初必须有一个刻苦牺牲忠勇负责的集团出来为大多数民众拼命苦干。

《评中国银行二十年度营业报告》

就民众的立场说，训政也好，宪政也好，所要求者是实际的工作与效果。有名无实的训政和有名无实的宪政都不是我们所要的。

《国民党与中华民国》

必须有共同的主义信仰，共同的奋斗目标，积极的进行计划，然后廉洁劳苦始有意义，在这种立场之下，劝导人人共趋于廉洁劳苦之途始有意义。

《冯玉祥与缎鞋》

我们却须看清客观环境的必然趋势，在光明方面积极努力，对黑暗作毫无妥协余地的斗争。

《阅报被处重刑》

其实，我们如承认政治是众人的事，人人都应有顾问或参加的权利，人人都应有了解或解决的责任，那么社会科学的研究更有普及化的必要，要人人都能懂得。

《限制文法科招生》

要获得民众信仰的任何政府，绝不能靠宣言或通电上的花言巧语，更绝不能靠欺骗民众或压迫民众的任何高妙手段，唯一的方法就只有做出实际有益大众的具体工作来。

《侨胞的愤慨》

我以为这种政治上的领袖是否"上帝"所"给"的，倒不值怎样的注意，我们所要注意的是他能否解决全国大多数人所亟待解决的问题。

《所谓领袖政治》

中国人所要重视的领袖是在行动上事实上有办法为大众努力的领袖，不是挂着空招牌摆着空架子的领袖。

《所谓领袖政治》

凡有关一种事业，推而至于有关全国安危的领袖及其集团，必先具有为全体幸福而宁愿自我牺牲的精神，始足以引起心悦诚服的信仰，造成共同努力的决心，维持继续奋斗的勇气，否则必致腐烂崩溃，完全灭绝而后止。

《中大教潮中的一段纠纷》

大众努力的程度，和他们解放的迟早是成正比例的，中途的挫折和困难，不但不应引起颓废或悲观，反应增强努力的勇气，增加猛进的速率。

《滑稽剧中的惨痛教训》

所谓言论自由，也有它的相当的范围，不是无限制的。

《言论自由的问题》

一个民族的自由平等是要靠实际的集体的斗争换来的，不是靠着叩头哀求换来的！这是被压迫的民族的大众所当有的深刻的觉悟。

《"纪录"英勇抗战的壮语》

领袖的最大的任务是要能根据群众的真正意志，领导群众共同努力。任何运动都不是几个光杆的领袖所能包办成功的；脱离了群众的光杆，根本已失掉领袖的资格。领袖是要和领导的群众共同干的。

《学生救亡运动的缺点》

领袖须能代表群众的真正意志，须和群众共同努力。

《学生救亡运动的缺点》

民族解放的抗战，要达到最后的胜利，必须发动整个民众的力量，这是谁也不能否认的原则，民族集中就是要实现这个原则的主张，所以与抗战有着密切的关系。所谓民主，在抗战时期，是要能反映大多数民众的意志与要求；所谓集中，是要有集中的权力来执行大多数民众所愿望的要求。至于要达到民主集中，必须有相当的健全的政治机构，适合于民主集中的政治机构。

《答案一束》

有些人不认识广大民众有伟大的力量；有些人虽然感觉到广大民众确有伟大的力量，可是他却希望民众只受被动的统制，而不知道只受被动统制使民众便要失去他们的伟大力量；必须唤起他们的自发的行动，唤起他们自发的兴趣与努力，才能发挥他们的真正的力量。要唤起他们的自发的行动，自发的兴趣与努力，必须用民主的方法，使他们明了他们的任务，真能参加实际的工作。

《苏联热烈大选给我们的教训》

这种民众的基础，这种民众方面种种的支持，绝不是派出几支军队就可以号召起来的，在军事发动以前，以及在军事进行的过程中，都必须有文化工作在民间广播革命的种子，培植斗争的情绪。军事动员也许可由几道命令而咄嗟办到，国民动员便没有这样简单，必须在思想上及意识上下一番工夫，必须在斗争的过程中继续下工夫。

《文化工作与国民动员》

要人民热诚拥护抗战，要希望组织民众，必须从不扰民开始。这类贪官污吏的行为实际上是替政府丧失人心，消灭人民拥护抗战的热诚，在政府实有彻查严办的绝对必要。我们深知这类不幸的事实，必为政府领袖所痛心疾首的，但是也许因为下级官吏的蒙蔽而无从知道，所以我们愿以言论界的地位，公开宣布，希望政府严重注意。

《〈特种汉奸〉编者按》

至于民主的实行，非常时期当然要有简单迅速的办法，这种办法的宗旨是要使现在的政治机构更能反映全国人民的要求，增加政府抗战的力量。

《互助与依靠》

古人说防民之口甚于防川，宜于疏导而勿令溃决。民间的痛苦和要求，在最初也许听来不顺耳，但事实终是事实，掩饰不如补救，便可化大事为小事，化小事为无事。

《审查书报原稿的严重性》

关于政治的改善，我们认为一方面应切实整顿并充实最高的领导干部，一方面尤需注意下层政治机构的切实改善。要以政治的力量动员全国人力物力以战胜敌人，必须先有很健全有力的最高的领导干部与忠实执行上级命令的下层机构。

《关于政治工作的重要决议》

脱离了大众意志的任何个人，他的本身都是没有力量的，领袖之所以成为领袖，是因为他能反映大众的迫切要求，为大众幸福而努力奋斗，一旦离开了这个立场，无论他原来的地位如何崇高，都是要被国人所唾弃的。

《汪精卫的自掘坟墓》

民主政治的真谛，不外于林肯所谓民有民治民享，中山先生说政治是大众的事，大众的事要大众来管，抗战建国的伟业是需要大众来热烈参加的。

《参政会第三届大会开幕》

宪政的进步和民主的进步是成正比例的；愈进步的宪政，所包含的民主的内容也愈多愈丰富。

《宪政与民主》

民主政治的最主要的事情是要切实反映最大多数人民的要求，但是如果人民不能充分表现他们的意见，这种反映便很困难，甚至不可能。

《宪政与民主》

最热烈忠诚于国家民族利益的是广大民众，最当珍视宝贵的是民众的伟大力量。只有对外投降妥协的政府如北洋军阀政府，才视民众如仇敌，不惜加以残杀的惨酷手段，这是因为他们的利益和国家民族的利益，也是和广大民众的利益，已背道而驰，在事实上确已对立起来了。坚持御侮，坚持抗战国策的政府，必然重视民众，必然重视民众的力量。因为广大民众的利益与国家民族的整个利益是分不开的，最热烈忠诚于国家民族利益的是广大民众，最能促成抗战胜利的是广大民众的伟大力量，所以切实教育民众与彻底动员民众力量，成为抗战工作中最主要的一部分。

《"三一八"惨案纪念》

国内的少数民族，为着抗战建国的成功，必须精诚团结，这是谁也不能否认的。但是我们所须注意的是，要巩固精诚团结必须尽量运用民主的精神，如张先生所说："他们应有说话的资格，有什么苦处，也能有资格向政府申诉，向国人宣告；关于生活上有应改善的地方，也能有资格请求改善，有应享的权利；也能有资格请求授与。"尽力帮助国内少数民族达到平等的地位，只有充分执行民主的原则，使他们能有充分的机会来共同努力参加抗战建国的工作，才有达到的希望，这不仅是为着各少数民族本身的利益；各少数民族如能得到合理的发展，充分发挥他们的力量，也是整个中华民国的福利。

《〈西南各民族的团结问题〉编者附言》

所以妇女在一个社会里的状况，可以作为一面光亮的镜子，可以反映这个社会的整个状况，整个动向。

《解决妇女的实际设施》

经济的独立是一切平等的一个极重要的因素，妇女要能平等，必须得到经济的独立以作基础；要办到这一层，必须在社会上服务，否则在经济上总是脱离不了依赖男子的范畴。

《解决妇女的实际设施》

我们深信中国终将成为一个民主的国家。一切想使历史车轮倒转的人终将失败，尽管他们现在是多么的不可一世。

《中国政治发展的展望》

我们不应讳疾忌医，也不应妄自菲薄。我们要就各人的岗位，向着抗战建国的共同目标而加倍努力。我们固然各有其本位的工作，但当前解决各种问题的基本条件，却在共同努力促成民主政治在中国的真正实现。

《中国的光明前途》

人权得到保障，才能巩固党派团结。党派的团结合作，可以继续保证人权能切实得到保障。

《党派与人权》

一般人民也许不能都举得出"民主政治"这个名词，但是他们身受不良政治的苦楚，有对于贪官污吏的剥夺民脂民膏，对于土豪党棍的欺凌无辜阿斗，对于发国难财，置国家民族的利益于不顾的痛恨，有对于自身生活日苦的烦恼，有对于抗战最后胜利的渴望：要消除这种种苦痛，实际的要求是民主政治的实现。

《曲线升降的四年来政治》

在实际上，公道自在人心，民主政治究竟还是民主政治，尽管有人千方百计反对民主政治，把种种罪名加在民主政治头上，却不能以一手掩尽天下人耳目，并不能达到他们所幻想的甜蜜的结果。

《反民主者的心劳力拙》

中国的民众厌恶一切的顽固偏见与党派摩擦，他们热望从推进民主与巩固团结中间，获得中华民族解放斗争的最后胜利。

《民主、团结与胜利》

民众团体的力量不是挂上几块显赫的空招牌，就能像奇迹似的发生出来的，必须有多时艰苦奋斗的干部与多时在实践努力中的群众；所以动员民众必须重视民间团体的力量，只须使其符合于总的抗战国策，而不必作细枝末节的限制，更不可随时解散。

《七个月两万人》

建议或提案之所以重要，当然不仅仅是它的本身，尤其重要的是真能切实执行，而且执行时必须符合其原议的精神。

《"来宾"的建议》

真能为群众谋利益的事情是没有做不成的，昔人称"愚公移山"等于神话，现在以"人力移地"，竟成事实。但是我们还应该得到另一个深刻的教训，那便是不重视群众，不依靠群众，便什么也干不成！

《沦陷区同胞的艰苦奋斗》

老百姓即令天天跪在老爷的面前哀求也是没有用的，必须建立民主政治，使政治踏上民主法治的轨道，而这个"法"必须是真能代表民意的民意机关定出的，而且是有民意机关和舆论起来监督执行的，不是老爷"要怎样办就怎样办"。

《对保障人民权利的再呼吁》

而所需特别注意的是这些故事所象征的政治倾向，由此加强政治改革的要求和运动，唤起国人对于政治改革的重要性和急迫性的认识，群策群力，从积极方面对政治改革加紧努力，政治能上轨道，民主政治能真正实现，由政治逆流所产生的种种不合理的现象，才有消除或不再出现的可能。

《故事的象征》

民主之所以异于专制，法治精神是一个很重要的因素。

《党老爷的"政治哲学"》

其实对于政治的批评，正是民主政治下国民应有的权利和义务，这事的本身就是民主政治的一个重要因素。

《关于态度和主张的补充说明》

尤其是关于政治文化的运动，不是少数人写信所能奏效，必须唤起舆论的力量，形成多数人所认为必要的主张，然后由于群策群力，共同努力，才能达到政治改革的目的。

《关于态度和主张的补充说明》

要争取抗战最后胜利，必须团结和动员全民族的力量，而要团结和动员全民族的力量，主要的条件是实现民主政治。

《我们对于国事的态度和主张》

到了现在，事实已非常明显，法国的崩溃不是由于民主政治的无用，而是由于民主政治的不用；不是由于民主政治的向前发展，而是由于民主政治的加速没落。

《我对于民主政治的信念》

中国政治的光明前途，必然是建立于全国各阶层共同参加努力的真正全民的民主政治。

《我对于民主政治的信念》

改善政治以加强国力，巩固团结以加强国力，其中心问题尤在力求民主政治的实现。

《纪念第五"八一三"》

民主政治的实现，原是抗战以来全国同胞一致的愿望，但是在今日有着一个必须特加注意的要点，那就是我们不能满意于书面上的民主，宣言上的民主，广播中的民主，决议案上的民主，因为这些粉饰太平的欺骗，绝对不能解决抗战期中的种种困难问题。我们现在所要求的是切切实实在事实上实行出来的民主政治。

《纪念第五"八一三"》

但是要人民的发挥力量以协助政府，以加强国力，由此加强抗战，人民的基本的民主权利必须首先得到合法的充分保障，而对于人民的民主权利之合法的充分保障，就是实现民主政治的一个重要的部分。

《实现民主与抗战胜利》

只有通过民主政治的实现达到真正的统一，才于抗战有利，才能增加抗战力量，才是全国爱国同胞所愿有的结果。

《实现民主与抗战胜利》

最近"实现民主"之声从各方面都可以听到，我想读者诸君对于这个呼号是相当耳熟的了。但是这个呼号虽已相当耳熟，非到民主政治实现之日，我们绝不停止呼号，我们虽至力竭声嘶，还是要继续大声呼号着！为什么？因为我们不但要建立一个真正民主的国家，实践而不是空喊建国与抗战并行，而且为着争取抗战最后胜利的迅速到来，我们也非赶紧实现民主政治不可。

《实现民主与抗战胜利》

主持国政者对于民间舆论的态度，须视民主精神为转移。

《实行宪政与文盲》

任何政党的政权，须以民意为基础。

《民主□□□□□□》

中国不但须努力实现民主，而且必须在抗战时期就要努力实现民主，因为民主政治的实现不但有关建国的基础，而且有关抗战的胜利。

《中国民主政治的推动》

人民的民主权利的切实保障，是实现民主政治的极重要的部分，所以实行民主的各国，在宪法上对于这方面都有郑重而明确的规定。

《民主权利与民主政治》

民主政治须以人民公意为根据，人民公意的表现一方面通过民意机关，一方面通过舆论，发生实际的效力，而这两方面都和批评国事的民主权脱离不了关系。

《对民主政治的两点意见》

中国的抗战是以次殖民地的国家反抗帝国主义者的侵略，抗战最后的胜利是要靠抗战过程中继续不断生长起来的新生力量，而民力的发展却和民权的发展成正比例，因此，争取民主政治的实现，实为今后争取抗战最后胜利整个计划中的一部分。

《双十二留下的问题》

我们要知道民主权利必须得到切实的保障，不但不只是争取个人的自由，不但绝对不是不顾国家民族的利益，而且正是要顾到国家民族的利益，正是要增加国家民族的利益。

《训政约法与抗建纲领中的民主权利》

人民所需要的是在组织及职权上都能够在实际上监督政治推进政治的真的民意机关，而不是仅仅作为一种点缀品而不能发生实效的有名无实的"民意机关"。

《三十年前的民主运动》

　　我们重视民意机关的组织与职权，绝对不是仅仅顾到形式而忽视其精神或实际。

《民意机关的组织与职权》

第三辑

竭诚为读者服务

不过我们所欲介绍的是限于就一般读者看来觉得有趣味有价值的东西，务使读者如看了去买，不至于费冤枉钱，所以对于专门的在一般觉得乏味的刊物，不得不割爱。

《〈生活〉周刊第 5 卷第 6 期编后随笔》

本刊发行四年余以来，每期皆于星期五下午送到邮局付寄，除有一次因上海印刷工人全体罢工而不得不从众延期外，从来未曾延误过一次。自第五卷第一期起，因数量更多，每次并用汽车运至邮局，每星期五下午三时即开车运出，绝无一次之延误。本埠读者向来星期六即可收到，近来有迟至星期一甚至星期二三始到者电话与函询纷至沓来，本刊屡询邮局，据云因年底寄件特多，故致延搁。此事我们虽极抱歉，但苦于无从负责，只得希望邮政当局特加注意，除再专函邮局商请极力改善外，特此布闻，尚希谅察。以后如再有迟误，仍请见告。

《〈生活〉周刊第 5 卷第 8 期附启》

这封信系由邮局寄来，信封上无发信者地址，只写"内详"，里面亦无详确姓名，只具名"公平"，如此好事而无负责者报告，良觉可惜，我们仍为刊布，并将原信保留备考，同时并盼华商电车公司及卖票人之愈益自勉，以副社会人士之期许。

《〈中国人管理法胜过外国人〉编者附言》

我们所欲介绍的是就一般读者看来觉得有趣味有价值的东西，但是我近来觉得有的书虽近乎专门的性质，其中也有很值得抽出来在本刊上谈谈的部分，所以便想另做近乎"读者录"一类的文字，弃繁取精，以节省读者的时间与精力。

《读〈在晓庄〉》

报纸的评论一方面是代表舆论的，一方面是指导民意的，至少也要给与读者对某问题获得若干知识或卓见。

《可以不必做的文章》

《生活》不但"小言论"栏，即全体各文，苟有相当稿件，均可公开，前在本刊上并有公开征文之启事，惟在事实上来稿可用者既少（此系直叙事实，大概也由于"能干者也许不愿干"，并非谓天下之大能执秃笔者只有区区一人，请勿再误会），本刊每星期须付稿，势难停刊恭候。征文之效既不过尔尔，故只得"随时留意，虚己自谦"的请所知道可代本刊作文的朋友时常撰述，但他们各忙于自己的专业，亦殊不易。此皆事实问题，且权操诸人，记者虽屈膝下跪，无济于事。

《〈生活〉周刊第 5 卷第 34 期附启》

我们对于读者通信的姓名地址，向来绝对负严守秘密的责任，非征得本人同意后，绝不肯告人。

《〈生活〉周刊第 5 卷第 34 期附启》

我们希望能藉本刊批评讨论各种较重要而有意味的问题所采用的方法——含有分析的眼光，研究的态度，组织的能力，创造的思想——为中国国民养成分析，研究，组织，与创造的种种能力；希望他们对于任何问题都能具有分析的眼光，研究的态度，组织的能力，创造的思想，不盲从，不武断，具是非心，有辨别力。

《我们的立场》

不过承诸位先生对于本刊的信任，都附有将所省的款子交本刊作救国基金的建议，我们对于这种公益的事业，原属义不容辞，惟代收款项，表面上似颇简单，其实工作上如收款登记核算分类总结付排校对等等，也很繁复，本刊同事除忙于原有之出版职务已日无宁晷外，自承各地读者托为代收赈款及最近自己发起筹款捐助马将军二事以来，已经忙得回不过气来，每期公布，纸张所费，亦已捉襟见肘，为责任计，忍苦进行，故目前只限于代收两种款项，一为赈款，一为援助马将军捐款，其他因时间精神关系，暂不代收。并非怕负责任，正因为对于接受担任之事，必须认真负责，不肯马虎，所以不肯轻于然诺，我们对于诸先生之推重与信任，固异常感奋，但这一点苦衷，却要请求原谅的。

《〈何禧足贺？〉编者附言》

本报注重为大多数民众谋福利，不以赢利为最后目的，故在取材方面，除重要的新闻应有尽有外，特别注意：（1）农工疾苦，（2）妇女运动，（3）青年修养，（4）华侨状况，（5）为大多数民众谋福利之经济建设及教育建设。

《创办〈生活日报〉之建议》

　　要"启迪理智能力，增富知识见闻"，方法原有多端，而我们取材所以特重时事评述，问题研究，与国内外现状及大势者，很想藉此一扫国民向来只顾一身一家而漠视整个民族群众福利的心理，引起他们注意时事及研究问题的兴趣，扩大胸怀与放远眼光的感觉。

《〈生活日报〉与〈生活〉周刊》

　　我们早就想做，但是因为我们只愿量力充实内容以求对读者多一些贡献，却不愿同时加价以增重读者的负担，所以虽一直想做，时时在规划中，直到最近才决定实行。

《下半年度的一点新计划》

　　本刊的"信箱"栏，是公开的园地，留给读者们自由讨论他们所关切的任何问题，只须有公开的价值，我们并不加以怎样的限制。

《〈"恋爱"和"抗日救国"的"机会"〉编者附言》

　　本刊自居于读者的一位精神上的朋友，本刊的读者也可以算是彼此精神上的朋友。

《误会》

现在读者的知识和眼光实较前大有进步，不痛不痒的敷衍的话语，编辑杂乱内容空虚的新闻，已不能满足读者的希望了。

《大报和小报》

因为《生活日报》是以最大多数老百姓为背景，所以它的内容应该力求大众化，应该极力接近大众，使大众看得懂这个报；使大众感觉到这个报对于他们的知识，经验，以及一切日常的生活，都有益处；使大众感觉到这个报是他们的生活里不能离开的一件东西。

《我们要怎么办〈生活日报〉？》

我们看到书平先生的这个"梦"，想到他那样逐步求前进的情形，很觉得有兴趣。古语有所谓"学然后知不足"，其实我们可以说"做然后知不足"。努力做而感到不足，学起来才会真正有所得，因为这样才是自动的学，满足迫切需要的学，不是被动的敷衍的学。

《展望·梦》

发展服务精神，这是我们全体同仁所应时刻勿忘的一种责任。

《与军事同样重要的生产问题》

但到今天，最前线对于文化食粮饥荒的普遍的呼声，与后方大众对于文化食粮的迫切需要，都应该能使文化工作者更感觉到自己责任的重大，更加兴奋，更须加紧努力。

《文化工作者的责任》

生活书店可以说是服务社会起家的。生活书店的前身是生活周刊社所附设的书报代办部，是完全以对读者尽义务为宗旨的，当时生活周刊社不但为读者代办书籍和报纸而已，其实对于读者的种种需要，只要是我们的力量办得到的，没有不竭尽心力为他们服务的。

《我们工作的原则》

我们无一事不是尽我们的心力做去，以最诚恳的心情做去，只需于读者有点帮助。我们从来不怕麻烦，不避辛苦，诚心恳意地服务。我们的这种服务精神，引起了国内外广大读者群众的深刻同情，于是对于我们文化事业给予非常热烈的赞助。他们对于我们书报特别信任（同时当然也因为我们所出的书报有正确的内容），我们的文化事业便由此一天天向前发展起来，我们现在不但保持我们对于社会的这种传统的服务精神，而且还要尽量发展这种传统的服务精神，由此使我们的文化事业得到更大的开展，由此使我们的工作对于国家民族有更普遍而深刻的贡献。

《我们工作的原则》

做编辑最快乐的一件事就是看读者的来信，尽自己的心力，替读者解决或商讨种种问题。把读者的事看作自己的事，与读者的悲欢离合，甜酸苦辣，打成一片。

《光杆编辑兼光杆书记》

"生活"的全体同事都是从苦干中锻炼出来的，也是从社会服务中锻炼出来的。他们对于任何读者委托的事情，只须他们能力办得到的，没有不看作如同自己的事情。不怕麻烦，不厌噜苏，以十分诚恳的同情心，十分严重的责任心，乃至十分浓厚的兴趣心，竭忠尽智，务必为读者办到，然后于心始安。

《广大读者爱护支持的文化堡垒》

许多读者简直把"生活"当作他们的"家"，每到一个地方，只须知道那个地方有"生活"分店，他们往往总要想到"生活"。人地生疏，想起"生活"，往那里跑。认不得路，想起"生活"，往那里跑。找不到旅馆，想起"生活"，往那里跑，请代找一个。买不到车票或船票，想起"生活"，也往那里跑，请帮忙代买一张。住址一时不能确定，也想起"生活"，也往那里跑，请有信暂为留下转交，以便自己来取。

《广大读者爱护支持的文化堡垒》

"生活"为什么能得到国内外广大读者的这样爱护和支持呢？说来也很简单，它内部的基础建立在苦干的精神和民主的纪律上，它外部的基础，除了书刊有着正确丰富的内容外，最重要的是自从生活周刊社成立以来的传统的对于读者竭尽心力的服务精神。

《广大读者爱护支持的文化堡垒》

在实际上往往有些人办报，领得到丰富的津贴，出得起丰富的薪水，出的报没有人看，或看者寥寥，被社会上看作反动的倒退的代言人；有些人办报，虽然经济困难，受尽艰苦与压迫，埋头苦干，出的报受到许多读者的欢迎，受到社会上的重视。就是因为前者只是代表少数人私利或一个派系的私利说话，反对一切真正有利于国家民族的进步的事情和主张；后者恰恰与之相反，不怕也不顾少数顽固倒退分子的诬蔑毁谤，站在真正大众的立场，提出真正有利于国家民族的进步的事情和主张，百折不回地干下去。

《舆论的任务与力量》

读者须从多方面注意事实的真相，然后下正确的判断，这一点很对。所须注意的是材料的来源的可靠性。

《实行宪政与文盲》

《生活》周刊常说它自视是读者的一个好朋友，这不是一句空话，必须在实践上帮助读者解决种种困难，凡是在自己力量内所能勉力办到的事情，必须尽忠竭诚为读者办到。

《进步文化的遭难》

由于这种疲而不倦劳而不厌的傻子似的"服务精神"——
生活最可宝贵的传统精神之一，生活的读者也就把他视为最可靠
的最亲爱的"好朋友"。

《进步文化的遭难》

第四辑

创造的精神

最重要的是要有

关于提倡一类之刊物有两种定期刊，一为月刊，即《教育与职业》，偏于专门性质，旨在提倡我国人士对于职业教育之切实研究与讨论，年出十册；一为周刊，即《生活》，旨在"暗示人生修养，唤起服务精神，力谋社会改造"，尤努力于修养之商榷与指导，年出五十二期。

《十年来之中国职业教育出版物》

主持一种刊物的人，胸中当然应该有若干目前所特殊注重的要点；所明揭的宗旨尽管不变，而在当前所特殊注重的若干要点也许在若干时后因时势要求与社会需要之变迁而有新陈代谢之必要。

《免得误购后悔》

我们因为"改用册子格式"后的费用增加，以及种种改进方面的费用亦与日俱增，不得不增加广告藉资维持及扩充。惟对于文字方面则当尽力注重于"质"的改进而不亟亟于"量"的增加。

《〈生活〉周刊第 5 卷第 3 期编后随笔》

用本刊自身努力所得以扩充本刊自身的事业，辛勤困苦诚所不免，但却有一个很大的优点，就是脚踏实地的向前发展，有多少实力做多少事务，因此乃有充分独立的精神。

《〈生活〉周刊第 5 卷第 9 期编后随笔》

我对于师友以及不认识的朋友所赐寄的著作都极感谢，都欣然拜读，觉得适用于《生活》上介绍的便自动的介绍，否则便不介绍。

《对不住之后》

　　我以至诚卫护《生活》的独立精神与信用，是用不顾一切的态度——不顾交情，不避嫌怨，不管个人的得失毁誉。

《对不住之后》

　　在这个大前提之下，所以本刊对于书报的介绍，只注意书报内容有无介绍的价值而不认得人，不介绍则已，既已介绍，至少要使得花钱去买的人不至失望；对于事业的介绍也只注意有无值得介绍的实际事实，至少要使别人去看时也认为确有这样的实际事实，不是替人作广告式的瞎吹。我作此文以及前此后此类似的文字，都是用这样的态度执笔的——时刻顾及《生活》的信用——极可宝贵的神圣不可侵犯的信用。

《中国人用科学方法办的好工厂》

　　记者以为此事至少可给我们两种教训：（一）自认没有错即应对事实辩明，自知有错即应光明磊落的承认，光明磊落的改去，这是直截爽快而免自寻烦恼的途径，昔贤所谓"人谁无过，过而能改，善莫大焉"，虽是老调儿，实有玩味的价值；（二）凡事但求自己站得住，平日处处靠自己的努力，勿存坐享他人辛勤获得的事功之心，否则自己露了马脚，埋怨别人何益？

《评几家书局的笔墨官司》

但是若稍稍为读者方面着想——稍稍为读者的时间与目力乃至经济方面着想，同时也就是为刊物的本身价值着想——似乎应该注意到一种刊物应有一种刊物自己的特色，也就是所谓独辟蹊径，不肯落人窠臼，自开一条新路来走，尤当注意于内容之有无精彩，使读者看了一遍，多少有所得，不觉得是白看。

《较近出版有精彩的两种定期刊物》

我们并不以本刊之仅能支持为不满足，我们情愿在经济自立上挣扎，我们情愿只用自己苦赚来的正当收入，因为如此才能保持我们言论上及纪事上的大公无私的独立精神，才能绝对不受任何私人任何团体的牵掣，曾有有经济力量的某君，示意如本刊需要的话，肯无条件的资助本刊，我立刻毅然决然的婉谢他的好意。记者将来瞑了目，或是滚了蛋，我所留与我的继任者，就只有这种大公无私的独立精神，并没有什么积蓄的钱；能保持这种精神的便可仍得读者的信任，否则读者所给予的信任亦随时可以收回，不能任人藉为营私的工具。这是记者要乘此机会倾怀一述本刊对于营业方面的态度。

《〈生活〉五周（年）纪念特刊预告》

本刊创办以来的经历颇简单，最初一年的宗旨似未十分确定，记者承乏本刊自第二年起，接手后即确定宗旨为"暗示人生修养，唤起服务精神，力谋社会改造"，方向较定，努力亦较专。至第四年起，经济与管理方面均完全自立，幸得创办者之绝对信任，记者乃得以公正独立的精神，独往独来的态度，不受任何个人任何团体的牵掣，尽心竭力放手办去，复得诸同事之夙夜匪懈，诸文友之热诚赞助，才有今日的一点基础。依最近的趋势，材料内容尤以时事为中心，希望用新闻学的眼光，为中国造成一种言论公正评述精当的周刊。

《我们的立场》

我们不愿唱高调，也不愿随波逐流，我们只根据理性，根据正义，根据合于现代的正确思潮，常站在社会的前一步，引着社会向着进步的路走。所以我们希望我们的思想是与社会时代进步而俱进。

《我们的立场》

本刊向来的态度是主持公道，毫无偏私，尤不许被任何团体或个人作"诬蔑"之利用。

《〈大夏大学来函〉编者按》

记者编辑本刊，时刻不忘"启迪理智能力，增富知识见闻"。

《〈生活〉周刊第 6 卷第 19 期编余随笔》

这不是唱高调，自己抬高身价，却是因为我深觉得办像《生活》这种刊物的机关不宜发财，发了财便易于多所顾虑，即在可能范围内亦不敢说话，多少不免存着"患得患失"的心理，完全消灭它所应具的独立与公正的精神。

《苦痛中的挣扎》

由第二点而又可引申出第三点，就是本刊为什么要事业发达？无非要想竭其绵薄，为社会多争得一线光明，若同流合污而图苟存，不如直接爽快的寿终正寝。

《苦痛中的挣扎》

故我但知凭理性为南针，以正义为灯塔，以为不但我个人应抛弃"患得患失"的心理，即本刊亦应抛弃"患得患失"的态度。

《苦痛中的挣扎》

其实新闻记者不惮烦苦的对名人实行"猫捉老鼠"的手段，也是为社会的读者，社会是应该感谢的，不过依我愚妄之见，觉得倘与国家或社会无重要关系的事情，似乎可以放松些。

《猫捉老鼠的新闻记者》

本刊所采用的有精彩的通讯稿件，其目标全在为大众的福利而努力，绝不是存着私意用作攻击任何个人的工具的。

《有什么可笑？》

我们做一件事，能使受益的人数愈多，我们的心中便愈感到秘密的愉快（即不必发表于外的），至于受益于我们的人是否知道谁做的，这和我们已做的工作没有增减的关系，和我们所感到的秘密的愉快也没有增减的关系，那么虽"名不彰"，有何不舒服之有？

《不可不辨》

我们本要存心为大众而工作，非为一己而工作，只须在实际上于大众有益，属于一己的"名"之有无且不在意。

《不可不辨》

我们办这个周刊，心目中无所私于任何个人，无所私于任何机关，我们心里念念不忘的，是要替社会造成一个人人的好朋友。

《〈生活〉周刊究竟是谁的？》

我们办这个周刊不是替任何个人培植势力，不是替任何机关培植势力，是要藉此机会尽我们的心力为社会服务，求有裨益于社会上的一般人，尤其注意的是要从种种方面引起服务社会的心愿，服务所应具的精神及德性。

《〈生活〉周刊究竟是谁的？》

我们深信天下无十全的东西，最要紧的是要有常常力求进步的心愿，本刊绝不敢说自己已经办得好，绝不敢自矜，而且我们常常觉得自己有许多缺点，所堪自信者，即此常常力求进步的心愿。

《〈生活〉周刊究竟是谁的？》

《生活》周刊是以读者的利益为中心，以社会的改进为鹄的，就是赚了钱，也还是要用诸社会，不是为任何个人牟利，也不是为任何机关牟利。

《〈生活〉周刊究竟是谁的？》

本刊向采"尽我心力"的态度，日在努力求进之中，固绝无自满之时，而这种"独往独来公正无私的精神"也是要继续保持下去的。

《硬性读物与软性读物》

我们绝对不受任何私人或书业机关的嘱托，绝对不讲"情面"，绝对不避嫌怨，只以"读物"本身为唯一的对象，根据独立观察所得，全为读者着想，介绍我们认为确是好的，确是有趣味有价值的读物，我们深信只有这样严正的介绍，才有价值，才有信用。

《硬性读物与软性读物》

本刊本身没有什么固有的力量，如诸同志认为不无价值，便是由于始终不背叛大众的意志罢了。

《在船上的〈生活〉同志》

引人注意是一事，报的内容是否值得一看又是一事。倘若报的内容没有阅看的价值，徒然引人注意也是没有用的。

《再谈巴黎报界》

读报的人自己如果没有正确的眼光和判别的能力，也许不但不能"获得很明彻的了解"，反而受着麻醉，越看越糊涂！但是编撰精审的报纸，的确可作为研究参考用的"现代史料"。

《世界新闻事业的一个中心》

言论和消息，各有特殊的注重，以造成各报的个性，这原可算是报纸的一种优点。

《世界新闻事业的一个中心》

报纸各有各的特点，不作表面上的摹仿，以及设备上的科学化，这都是值得我们注意的，此外便是于新闻里面常常注意插图的加入，以引起读者的特殊兴趣。

《世界新闻事业的一个中心》

它对于任何新闻不登则已，既登了出来，一定是比较的确实，尤其是关于政治的消息。它因此于无形中养成读者对于它的这种信任心。

《谈〈泰晤士报〉》

我深信《生活》周刊的精神是永远存在的，因为它所反映的大众的意志和努力不是一下子可以消灭的。

《再到巴黎》

我们不但要努力使文字在形式上大众化，也要努力使文字在意识上大众化。

《中国文字大众化》

言论、新闻和附刊，要打成一片，采取一致的态度。

《我们要怎么办〈生活日报〉？》

新闻选材，硬性文字和软性文字要分配均匀，要使读者不感到繁复，不感到纷乱，不感到干枯，也不感到轻薄。

《我们要怎么办〈生活日报〉？》

《生活日报》的新闻，打算把一切和大众生活有关的重要事变，自宇宙之大以至苍蝇之微，都兼收并容。

《我们要怎么办〈生活日报〉？》

使新闻的编法研究化，使读者在短时间内看了一遍便能得到很丰富而扼要的内容和很明确的了解。

《我们要怎么办〈生活日报〉？》

同时遇到有某问题的参考资料，用很有系统的叙述，撰著专篇，和有关系的新闻同时发表。

《我们要怎么办〈生活日报〉？》

我们深信绝对公开是避免无谓的怀疑的最好方法，是取得大众信任的重要途径。

《我们要怎么办〈生活日报〉？》

本报的两大目的是努力促进民族解放，积极推广大众文化，这也是从民众的立场，反映全国民众在现阶段内最迫切的要求。

《〈生活日报〉创刊词》

因为是反映全国民众的实际生活的报纸，所以必须成为一切生产大众的集体作品，必须由全国各地的工人，农民，职员，学生直接供给言论和新闻资料，而不是仅由少数的职业投稿家和新闻记者包办一切。

《关于〈生活日报〉问题的总答复》

在沙漠上面不能长出美丽的花，没有滋养的食品和温暖的衣服，也不能把孩子养育成健全的人。报纸一刻不能和社会环境脱离。所以理想的《生活日报》，一定是产生在一个理想的环境——就是新中国。

《关于〈生活日报〉问题的总答复》

单是办好一种周刊是不够的，我们一定要创办一种真正代表大众利益的日报。

《〈生活日报〉的创办经过和发展计划》

通讯的内容，只求真实，不说空话，闲话，文字长短不论，通顺与否也没大关系。

《建立全国通信网》

也许是由于我的个性的倾向和一般读者的要求，《生活》周刊渐渐转变为主持正义的舆论机关，对于黑暗势力不免要迎面痛击；虽则我们自始就不注重于个人，只重于严厉评论已公开的事实，但是事实是人做出来的，而且往往是有势力的人做出来的；因严厉评论事实而开罪和事实有关的个人，这是难于避免的。

《经历·转变》

我接办之后，变换内容，注重短小精悍的评论和"有趣味有价值"的材料，并在"信箱"一栏讨论读者所提出的种种问题。对于编制方式的新颖和相片插图的动目，也很注意。所谓"有趣味有价值"，是当时《生活》周刊最注重的一个标语。空论是最没有趣味的，"雅俗共赏"的是有趣味的事实。

《经历·聚精会神的工作》

我对于选择文稿，不管是老前辈来的，或是幼后辈来的；不管是名人来的，或是"无名英雄"来的：只须是好的我都要竭诚欢迎，不好的我也不顾一切地不用。在这方面，我只知道周刊的内容应该怎样有精彩，不知道什么叫做情面，不知道什么叫做恩怨，不知道其他的一切！

《经历·聚精会神的工作》

　　我的工作当然偏重于编辑和著述方面。我不愿有一字或一句为我所不懂的，或为我所觉得不称心的，就随便付排。校样也完全由我一人看，看校样时的聚精会神，就和在写作的时候一样，因为我的目的要使它没有一个错字；一个错字都没有，在实际上也许做不到，但是我总是要以此为鹄的，至少能使它的错字极少。每期校样要看三次。有的时候，简直不仅是校，竟是重新修正了一下。

《经历·一个小小的过街楼》

　　不但如此，《生活》周刊既一天天和社会的现实发生着密切的联系，社会的改造到了现阶段又绝不能从个人主义做出发点；如和整个社会的改造脱离关系而斤斤较量个人的问题，这条路是走不通的。于是《生活》周刊应着时代的要求，渐渐注意于社会的问题和政治的问题，渐渐由个人出发点而转到集体的出发点了。

《经历·转变》

　　最重要的是要有创造的精神。尾巴主义是成功的仇敌。刊物的内容如果只是"人云亦云"，格式如果只是"亦步亦趋"，那是刊物的尾巴主义。这种尾巴主义的刊物便无所谓个性或特色；没有个性或特色的刊物，生存已成问题，发展更没有希望了。

《经历·几个原则》

一般大众读者的需要当然不是一成不变的，所以不当用机械的看法，也没有什么一定的公式可以呆板地规定出来。要用敏锐的眼光，和深切的注意，诚挚的同情，研究当前一般大众读者所需要的是怎样的"精神粮食"：这是主持大众刊物的编者所必须负起的责任。

《经历·几个原则》

现在的杂志界似乎有一种对读者不很有利的现象：新的杂志尽管好像雨后春笋，而作家却仍然只有常常看得到他们大名的这几个。在东一个杂志上你遇见他，在西一个杂志上你也遇见他。甚至有些作家因为对于催稿的人无法拒绝，只有一篇的意思，竟"改头换面"做着两篇或两篇以上的文章，同时登在几个杂志上。这样勉强的办法，在作家是苦痛，在读者也是莫大的损失，是很可惋惜的。所以我认为非有若干"基本"的朋友作"经常"的协助，便不该贸贸然创办一个新的杂志。当然，倘若一个作家有着极丰富的材料，虽同时替几个杂志做文章，并没有像上面所说的那样虚耗读者的精力和时间的流弊，那么他尽管"大量生产"，我们也没有反对的理由。

《经历·几个原则》

当然，发行的技术和计划也是刊物的一个重要部分，我们不得不承认这方面也应加以相当的注意。但是根本还是在刊物的内容。内容如果真能使读者感到满意，或至少有着相当的满意，推广的前途是不足虑的。否则推广方面愈用工夫，结果反而愈糟，因为读者感觉到宣传的名不符实，一看之后就不想再看，反而阻碍了未来的推广的效能。

《经历·几个原则》

我坚决地认为大众的日报不应该是一两个大老板出钱办的，所以我无意恳求一两个大老板的援助；又坚决地认为大众的日报应该要完完全全立于大众的立场，也不该由任何一党一派出钱办的，所以我也无意容纳任何党派的援助。结果当然想到公开招股的办法。但是公开招股无论怎样迅速，不是在很短的时期内所能完成的，尤其是因为要顾到入股大众的利益，和创办者的信用起见，我们决定在公司创立还未开幕以前，对已收到的股款不应先有丝毫的动用。

《经历·波动》

但是我们却未尝没有我们的背景！我们的背景是什么？是促进民族解放，推广大众文化！我们是完全立在民众的立场办报，绝对和任何党派没有关系，但是我们办报却也有我们的宗旨。我们的宗旨是要唤起民众，共同奋斗来抗敌救国。

《经历·一个难关》

做编辑的人好像是读者所用的厨子，所差异的，不过厨子所贡献的是物质食粮，编辑所贡献的是精神食粮。厨子要使菜烧得可口，往往要征求主人对于菜单的意见，我们现在是要征求读者对于精神"菜单"的意见，很诚恳地希望读者诸君不吝赐教。

《征求读者对本刊的意见》

我们必须注意到最大多数的群众在文化方面的实际需要，我们必须用尽方法帮助最大多数的群众能够提高他们的文化水准，我们必须使最大多数的群众都能受到我们文化工作的影响。

《关于学习与工作》

我们这一群的工作者所共同努力的是进步的文化事业，所谓进步的文化事业是要能够适应进步时代的需要，是要推动国家民族走上进步的大道。我们在上海开始的时候，就力避"鸳鸯蝴蝶派"的颓唐作风，而努力于引人向上的精神食粮；在抗战建国的伟大时代中，我们也力避破坏团结的作风，而努力于巩固团结坚持抗战及积极建设的文化工作。这可以说是我们的事业性的含义。为着要充分顾到我们的事业性，我们有时不惜牺牲，我们的同事往往为着抗战建国的文化事业而受到种种磨折与苦难，毫不怨尤。但是在经济方面，因为我们要靠自己的收入，维持自己的生存，所以仍然要严格遵守量入为出的原则。这里便牵涉到所谓商业性。

《事业性与商业性的问题》

我们的事业性和商业性是要兼顾而不应该是对立的。诚然这两方面如超出了应有限度，是有对立的流弊。例如倘若因为顾到事业性而在经济上作无限的牺牲，其势不至使店整个经济破产不止，实际上便要使店无法生存，所谓皮之不存，毛将焉附，机构消灭，事业又何从支持，发展更谈不到了。在另一方面，如果因为顾到商业性而对于文化食粮的内容不加注意，那也是自杀政策，事业必然要一天天衰落，商业也将随之而衰落，所谓两败俱伤。但是我们不许各有所偏。因为我们所共同努力的是文化事业，所以必须顾到事业性，同时因为我们是自食其力，是靠自己的收入来支持事业，而发展事业，所以必须同时顾到商业性，这两方面是应该相辅相成的，不应该对立起来的。

《事业性与商业性的问题》

因此我们在出版方面，不能以仅仅出了几本高深理论的书，就认为满足，必须同时顾到全国大多数人的文化食粮的需要，就是落伍群众的文化食粮的需要，我们也要尽心力使他们得到相当的满足，我们深信为着国家民族的利益，我们的任务是要使最大多数的同胞在文化水准方面能够逐渐提高与普及，这对于整个国力的提高是有着很大的效力。所以促进大众文化，是我们的第一个口号。

《我们的工作原则》

促进大众文化，供应抗战需要，发展服务精神，这是我们在现阶段，一切工作上的总的原则。我们大家要在这总的原则之下努力迈进！

《我们的工作原则》

这方面的工作似乎有两点值得注意：第一点就大的方面说，我们要努力使整个政治上轨道，使加在青年身上的桎梏和镣铐能解除，使他们得到求知的自由；就文化工作的本位方面说，书报的内容应该力避公式化，应该和当前的实际的需要有密切的配合，写的技术和内容的组织都应该注意引人入胜，不要使人开卷无益，索然无味，沉沉睡去！

《怎样唤醒落后的青年》

我们所要注意的不只是几个分散着的个别的故事，而是要注意这些故事所象征的政治上的倾向。这一点非常重要，我要重提一句老话，就是不要只见树木而不见森林。

《故事的象征》

生活书店是有着苦干的精神——为文化事业而艰苦奋斗的精神，这种精神是全体三百左右的工作干部所同具的，是十六年来始终一贯的。由这集团的苦干精神和长时期的苦干，才产生了中国文化界一支伟大的生力军。

《逆流中的一个文化堡垒》

生活书店不是任何个人藉以牟利的私产，是全体同事以劳作所得共同投资的文化事业机关，全体同事自理事会主席总经理至练习生，都是以劳作换得薪水，自食其力，没有一个人于劳作换得的薪水之外，有任何不劳而获的享受。

《逆流中的一个文化堡垒》

生活书店有着合作的精神，这种精神之所由来，是由于该店管理采用了民主集中的原则。我们主张民主政治，在我们所努力的文化事业中，也尽可能采用了民主集中的优点。

《逆流中的一个文化堡垒》

通俗化的重要，我们也时常深刻地感觉到，我们希望关于各部门的重要知识，不但要选择精华，配合时代性，而且要能写得深入浅出，人人看得懂。

《对本刊的意见》

本刊所特别注意的是对于重要时事或国际问题，能时常贡献较有系统的分析和论断，以作读者的参考，更有裨益，以有限的篇幅，重复记载各地日报上已可看到的时事新闻，似不甚经济。

《方形的空格》

真有生命力的刊物，和当前时代的进步运动是不能脱节的。

《流亡》

我们所努力的是为大众谋福利的文化，而不是为少数人谋私利的文化，所以在思想或理论上我们积极注重于大众有利的思想或理论，反对为少数人保持私利的欺骗或麻醉大众的思想或理论。

《进步文化的遭难》

第五辑

用人当注重真才实学

庸懦之人，虽有至公之心，而无才以济之；才智之士，虽负王佐之才，而无公以成之：其事虽殊，而败则一也。

《诸葛武侯谓我心如秤论》

自来有健康强固之体魄，然后有坚忍不屈之精神。是以三育并重，无所轩轾。言夫德育，则以孱弱之躯，欲其居敬沉毅，势不可得也。言夫智育，则以衰颓之脑，欲其穷理深思，亦不可得也。

《医学博士俞凤宾氏学生卫生宗旨谈》

所思在人欲，则生于心，害于事，所行之事，自合于人欲，若莫之为而为者。故人不可不慎其所思，而为学生者，最易误用其所思者也。学而不思，则悠悠荡荡，日即懒慢，既无惕然愧惧之念，亦无奋然勇决之志，故不可以不潜玩沉思。

《不求轩困勉录》

立国之道，莫要于开民智，滋民力。而欲开民智，滋民力，舍教育未由。

《不求轩困勉录》

成功的最大要素，都是适宜的人才。人才如能各得其所，社会上种种事业，都能因此增加效率，进步得格外快。

《职业指导的内容与实施方法》

现在总听社会上人叫"人浮于事"，但实际上可用的人也实在很少很少，仍有"才难"之叹。所以就是社会事业发达，教育训练方面还是要赶紧下一番切实工夫。

《〈他要我在《生活》上献丑〉编者附言》

像布雷先生的天赋是一位政论家，他所受的教育是偏于历史政治国际研究等等方面，而所从事的事业又是报界撰述，这样的向前进展，才不至耗费天才，才是为社会爱护人才的方法。我说到这里，更觉到职业指导的重要，与负有指导青年的人之当如何审慎与努力。

《陈布雷先生的生平》

发展天才，与所处的环境很有关系，尤其重要的是能利用环境，否则虽有相当环境而还是无用。

《记蔡子民先生（上）》

各人有各人的特长，各人的特长也许有种种的方面，用人者能用其特长，更能利用其种种方面的特长，在被用者和用人者都有各得其所的愉快，事务上的效率自能与日俱进。

《一个充满科学精神的办事机关》

这是天才，该大学能不为"资格"所蔽而凭实在的学力擢取天才，实在是一件可以称赞的事情，我以为学校毕业的资格，不过是用来表示学力程度的标志，既经有了实在的学力，便不必拘于呆板的资格。所以我们主张凡是已有职务的人，如能由自修而有心得，国家应有一种考试制度，倘若自修到了大学相等程度的学力，就是本未进过学校，或大学没有进过，也应该给他大学毕业的同等待遇。遇有天才，更应当不拘常例，予以擢升。如此才能鼓励好学和爱护天才。

《通四国文字的十三岁大学女生》

耳闻目见，深慨社会上受了教育而不能办事只能吃饭的人如此之多，不禁忧心忡忡，不胜浩叹于教育之破产，深觉教育方面有补救之必要，师长家长及子弟的心理方面也有纠正的必要，否则吃饭本是人人会的，受了教育还不过只能吃饭，这种饭桶教育要他何用！

《饭桶教育》

普及教育，提高一般国民的知识程度，免为少数自命有知识者所操纵专横，自私自利，置大多数之福利于不顾，实为立国而欲强盛者所绝不可逃之基本工作，便可想见这种事情所含之重要的意味。

《土耳其全国老幼同做小学生》

我国的青年或壮年，往往未老而先有了"老气"，至于五六十岁以上的人，更坦然自命"老朽"，或更厉害一点自命"老朽昏庸"，有许多事便弄不好；所以我们要提倡"老而不朽"，青年壮年的人更不该有什么"老气"。大家要增进智慧，锻炼体格，打倒死样子，唤起活泼有为的精神来！

《如此起劲的几个老头儿》

在个人方面为人之道，无礼的傲慢与鄙陋的谄媚都要不得；一国公民对于国际的行为则亦有然，只须立在理直气壮的范围内，便须具有非恫吓所能屈伏的勇气。我们国民要把三十年来一味媚外的遗毒洗干净，共同准备实力把将死的民族魂唤醒起来！

《恫吓不灵》

我们除非是真正低能，各人都有若干天才，不过程度不同而已。做父兄师长的人要常常注意子弟的天才趋向，加以审慎的启导，勿令埋没；做青年乃至虽达成年的人，也常常要省察自己天才的趋向，加以集中的努力，勿令埋没。增进天才属于优生学的工夫，虽非个人所能一时左右，但使已有的潜伏的特长尽量发展，是在人人的可能范围里面。

《天才》

各人要就各人的天赋，在可能的范围内尽量的发展。能够这样，不但在个人方面是莫大的幸福，在社会方面也收到莫大的贡献——各尽所能的贡献。社会里的各个分子能各尽所能的有所贡献，途径尽管不同，范围尽管有广狭的差异，这种社会没有不繁荣昌盛的。

《害到外国去了》

一人要对社会能有较切实的贡献，当求得一种专门的学识经验，准备委身于一种专门的事业，这是很彰明显著而无须赘述的，我们所要注意的是不要专看见社会上某人做某事做得发达，乃忘却自己"个人之特性"而盲目的跟着跑。

《刘老老最近的言论》

中国现在百废待举，是需要各种专门人才最切的时代，我特提"各种专门人才"，是希望各人注意自己的"特性"去发展。

《刘老老最近的言论》

人才如不能各得其所，已不经济，倘"无用之人"而得弹冠相庆，则有用之人反无容身之地；以"有用"为"无用"，以"无用"为"有用"，"无用"者实际还是"无用"，徒使"有用"者流离失所，虽"有用"而竟至等于"无用"，"实在太不经济"，更待何言？

《刘老老最近的言论》

好奇心不过是一时的现象，至于真正的信任心，便须靠真实本领和成绩来换得，美国如此，英国如此，中国也必如此，这是无疑的。

《英美的女律师》

沧波此去志在留学，有他的学养与经验，再去留学，于己于国，均有实益，《时事新报》当局能毅然资助以成其行，为国培才，尤有远见。

《记送沧波赴英》

国家努力于国民的教育，其作用与内容虽千头万绪，然简单说起来，总不外乎造就真实的人才，使各人具有真实的学识技能，无论如何，总不该对他们有无益的为难，使他们无路可走。

《考试严限资格之不可解》

我向来主张用人当注重真才实学而不必问资格，以实际才能为标准，绝对不讲情面。

《征求一位同志》

记者向来主张用人须注重实际才能，惟其用人须注重实际才能，故极力主张服务与修学兼程并进。

《一个可靠的会计函授学校》

为某种事业或机关选用人才的人，尽可代为提出条件，代为提出条件并不一定是表示他自己已具备了这些条件。

《一顿教训》

　　记者主张注重真才，勿重资格，常以徒托空言为憾，今得机会为本刊征求人才，依所主张付诸实行，正以实事求是言行相顾自勉。

《一番指教》

　　办教育乃造就人才，非以造就文凭为目的，彼等学力既经过相当考试而被认为可以够得上就学之后，徒以缺少纸面上的资格而挥之门外，天下可笑及不平之事何以过此？愚意即未经学校教育而能由刻苦自修以考取者，此类有志之士乃愈益可敬可贵，愈当予以上进的机会，何得以纸上资格而有意强加抑制，忍心绝其深造的前途？

《复朱经农先生的一封信》

　　来信所举"文凭是表明一个学生在学校修业的年限"，其实一个人学识程度和修业年限并不一定成正比例。

《再复朱经农先生的一封信》

　　记者尝以为我国社会对于肯努力有贡献的人，往往待得太过，同时又往往待得太薄。所谓待得太过者，不管你所专者为何，一有相当声誉，就把你当作无所不能，或拉你做官，或拉你做别种偶像，其实是害了他，使他摧残了他的天才。所谓待得太薄者，人人自以为大好老，而深忌别人做大好老，见有声誉的人，不管他实际贡献如何，非打倒不可！非把他弄得心灰意冷，似乎有所不甘！其实太过太薄都是残害人才的刽子手。

《对林白来华应有的观感》

经济上的酬报不一定就可以用来测量工作，譬如有的人工作尽管好，而实际上所受的酬报未必能相称。但是受了重酬的人，在工作方面似乎应该要有些特别优越的成绩，才可以减少一些内疚。

《阿猫阿狗的成绩》

我们此后应竭力提倡"本领"，应竭力提倡"人才"：使求学者深明虚有其表的空架子之不足重，重在求得"本领"而造成"人才"；使求事者深明东钻西求的讲情面之不可恃，只恃确有"本领"而有所贡献的"人才"。

《平人住宅与阔人洋房》

社会原有光明和黑暗两方面，努力站在光明方面的人一定要受到黑暗势力的嫉视和毁谤，毋宁说是意中事。我们如对这样的嫉视和毁谤，有所畏惧，那就该"同流合污"，用不着有所主张，更用不着为着所主张而努力奋斗了。

《理直气壮何惧于毁谤》

我所提出的"用人当注重真才实学而不必问资格","以实际才能为标准，绝不讲情面","各人应依各人的个性兴趣才能而分途努力"。

《一顿教训》

在此两点用意中，我们所特别注重的是：为公办事，用人要注意效率，用钱要注意经济。所谓用人注意效率者，当然不是说只管盲目的省钱而不用人；所谓用钱要注重经济者，当然不是说只管盲目的省钱而不讲效率——不讲效率便不配称为经济。

《〈关于教育部的汽车问题〉韬奋按》

为公服务，当自问有无胜任所欲任的职务之才能；为公择人，当先问所拟用者有无胜任所欲委任的职务之才能。

《张我华之殊深愧对》

执笔论坛者根据事实为评论，无所谓藐视不藐视。本刊素主张重真才而不重资格，不过愚意以为名实相符的大学学位未尝不值得重视，名不符实的大学学位才无一顾的价值。有名无实的勾当我们都反对，并非以伶工而有所轩轾。

《关于梅博士的问题》

我所注重的要点，是身居"以身作则"而为青年模范的人，最须铲除但知自私自利的恶根性，此等重要关头如不注意，尽管如何雷厉风行的整饬学风，学风还是弄不好。

《〈报告一些事实〉编者附言》

中华民族的将来希望在青年，而青年欲求有所贡献于我们的民族，进而有所贡献于世界的全人类，必先对这一点加以严重的注意。

《弁言》

青年诸君应以极沉痛的精神与决心，力求实学，锻炼体格，养成纯洁人格，注意国事及敌国情形之研究，为国家增加有人格有实学有健全体格有远大眼光的人才，即为国家增加基本的实力。

《对全国学生贡献的一点意见》

这班未出校门不知世故的天真孩子们，当然快乐，我只希望他们能从这快乐的精神中生出勇气来替社会干一番有益大众的事业，倘盲目着以为尽有无限的安闲的日子可过，不了解这时代剧变之将到来，那就大错了。

《到香港以后》

中国留学生大概都注重在"大学博士"头衔的获得，这里面真正用功的朋友固不乏其人，而不求实际但冀得一有名无实的虚衔头，以便回国后在尊崇虚荣的社会里瞎混的也所在多有。所以我们虽不能作一概抹煞之论，但社会对于人才须求其实际，而不可奖励凭藉虚衔头以自欺欺人的风气，这是可以断言的。

《法国教育与中国留学生》

在旧社会制度下，高等教育的资本主义化，固然是显著的事实，而且这样下去，在受此种教育者的本身，也一天一天的增加恐慌，也可以说是日趋没落，日向穷途末路上跑，因为在现社会里这种"商品"的生产过剩，到了后来连贱卖都卖不出去！

《法国教育与中国留学生》

就常理说，大学校应该是养成领袖的处所，但我们所需要的将来领袖，既无需自私自利趁火打劫的领袖，更无需克扣灾款行同穿窬的领袖，是要养成公而忘私自我牺牲以利大众的领袖，但今日"掌司国家之教育者"所示的模范与所留的观感为何如？

《中大教潮中的一段纠纷》

所谓"国中的优秀人才"，亦必须抛弃特权阶级的意识与享受，不畏艰苦的同往这条路上迈进——为工农大众的利益而奋斗。

《从言论到实际》

青年有志向上，这是最好的现象，但有两点很值得特别注意：（一）尽其所能为人群谋福利，所能已尽，于心无愧，人物的大不大，不在乎；（二）所志愈大，抵御困难的力量要愈大，一有困难就打算走死路，那困难永远排除不掉，而事业又往往与困难结不解之缘，所以徒有大志而不准备和"困难"迎战，徒然自速其死而已。

《白白的送掉一条命》

有一条大道让人可以努力，这绝不是开倒车的国家里所能梦想的事情；在那样开倒车的国家里，有许多有志气有作为的男女青年，就不知把全副精神，用在什么地方，甚至就没有机会给他们努力，倘若他们不自暴自弃地同流合污地随着一班混蛋开着倒车，掘着坟墓，他们真要干，就不得不先排除障碍，打开一条可以干的"大道"来！

《妇孺卫护博物馆》

其实除金钱有它的引诱力外，还有专业上的自尊心，求优胜和荣誉的欲望，获得人类同伴好感的愉快；至于能解除病者的苦痛，更可在精神上增加无限的舒适；尤其重要而有力的动机，是把自己在职务上的努力和社会主义的建设联在一起，把自己视为这个大军的一员战士，那工作就更有意义，就是吃苦，就是牺牲，都是值得的！

《工人城》

他们的建设，他们的奋斗，不是少数人的事情，是吸收着勤劳大众共同来参加的。

《发动机制造厂》

所以现在我们要相信自己，相信我们自己是光明坦白，为神圣的救亡事业而工作，因此更不必有什么顾忌猜疑，相信我们自己在救亡运动中，必然得到最后伟大的胜利，这样我们就不妨把心眼放宽些，对于各种不同的党派，不同的阶层，都取宽容的态度，惟有这样，联合阵线才能够建立而且巩固扩大起来。

《相信我们自己》

这些事实给予你的异常深刻的印象是大众的有闲，这不是"游手好闲"的闲，却是于努力工作之后的闲；不是少数不劳而获者的闲，却是共劳共享的社会里的大众的闲。

《有闲》

而且在他认清大众的要求和用来达到大众要求所必由的正确的路线后，也还要靠着大众自身的共同奋起斗争的力量而才能获得成功的，并不是抛开大众的力量而能由少数人孤独着干得好的。

《领导权》

在封建余毒仍在随处蔓延的时候，"靠着阔气的亲属做后台"，虽是饭桶也还可以弹冠相庆，我们诚然不能否认在当前的社会里确还有着这样的事实。但是这只是局部的事实，有着这样事实的机关，必然地要跑上没落的途径，这"后台"的坍倒是可以断言的，只是时间问题而已；饭桶最后总还是要吃到苦头。所以我们倘撇开极少数的例外，具有真正学识经验的人，究竟得到较可靠的保障。依我们在职业界里多方面的阅历，一方面虽闹着人浮于事，一方面仍有许多事业家感到没有适当人才可用的苦痛。果有真正学识经验的人，对于职务真能负责，还是随处受人欢迎，饭桶究竟是很少保障的。即退一步说，就是位置是由"阔气的亲属"得来的，增加学识也仍是一种保障。

《展望·前途的障碍》

我深信一个人的工作的效率，同他的特长和经验有着密切的关系：如能善用他的特长和经验，比较地容易获得事半功倍的效果；如抛弃了他自己的特长和经验而另外去干别的事情——与原有的特长和经验不相干的事情——那在个人是自暴自弃，在国家和社会也是一种损失。这当然不是无条件地反对改业。有些人觉察到自己的能力更适宜于某种新的事业或职务，于是抛弃原有的事业或职务，这是对的。我们各人都该求得最大的贡献。所谓"最大的贡献"，我的意思并不是指什么夸大狂的心理，不是说要和什么别人比大小，却是说自己对自己比。你自己能善用自己的能力和适于发展自己能力的环境，这样的贡献，比不能善用自己的能力和适于发展自己能力的环境，当然是要大些；你如能尽量善用自己的能力和适于发展自己能力的环境，那在你便是最大的贡献了。各人的能力虽有大小，但是依这样的意义说起来，无论何人，除了有害人群的事业外（倘若这可称为事业），各人都可有各人的最大的贡献。竭智尽力求得这种"最大的贡献"：这是人人对于自己对于社会应负的责任。

《经历·前途》

青年是最富于热情而又最富于敏感的。记者近来就得到不少青年朋友的来信，对于训练青年的领导人选提出疑问，总结他们的要旨，可以断言凡是在思想及行动上平日已得到青年们的信仰的，很容易负起领导的任务；凡是在思想及行动上平日已引起青年们的怀疑甚至憎恨的，虽摆足架子，板起面孔，还是领导不起来！

《训练青年的领导人选》

我国有句老话叫做"十年树木，百年树人"，表示教育工作是需要长时间的努力的。民众运动在事实上也是一种教育的工作，因为组织和训练，在在都含着教育民众的意义，所以也需要在平时有较长时间的努力，如果平日忽略，甚至压迫，到非常紧急的时候才想到它，"临时抱佛脚"，是很不容易收效的。

《民众运动与时间》

今后《店讯》要做到成为同人生活思想技术之教育训练的刊物，成为沟通同人意见，共同讨论本店业务的刊物，通过这刊物，要将同人为大众文化及民族解放而努力之目标统一起来，精神一致起来。

《关于〈店务通讯〉一封有意义的信》

我们这次对于新社员的增加，是要在举行改选以前增加新的力量，新的血液，使我们的组织更加健全，使我们的干部更加充实，使我们的工作效率更加增高，所以在临委员执行人委员一向所执行的职责的时候，一定只有虚怀求贤的态度，绝对不会存着吹毛求疵的褊狭的心胸。

《关于增加新社员的问题》

人的本领不是天生就会的，办法不是一出娘胎就会想的，还是要靠学习，脑子常常不用会渐渐滞缓起来，脑子常常用也会渐渐灵敏起来，我们如能常常注意要脑子对着当前的实际问题想办法，脑子也渐渐有更多的办法想出来，我们觉得，我们同人以后要彼此互勉，负责人对于同事也要特别注意鼓励。

《我们最需练习的一件事》

想办法是我们最需练习的一件事。

《我们最需练习的一件事》

我们的店是时时刻刻在进步的大道上迈进着的。我们所以能这样，是因为我们常在努力求进步，不以固步自封。我们常常注意发挥原有的优点改正或有的缺点。不但如此，我们的进步，不是一二人的事情，是要用全体同仁集体的力量来共同努力造成的；因此，我们有所发挥，有所改正，必须大家来研究，大家有彻底的了解，然后大家来努力。

《关于作风问题》

我们固然都是很纯洁的，但是处在这样复杂的社会，仅仅纯洁是不够的，我们对于业务上的作风，对于处理事务的方法，对于应人接物的技术，对于实际环境的了解与警觉，都须加强我们的学习，都须时常有进步，必须这样，才不致事业愈扩大，弊病也随着增多。这是我们在艰苦中应该加强锻炼我们自己的。

《本店被误会的几点说明》

我们要奉劝青年朋友，有力续学固佳，无力续学而不得不就业，只须自己有坚强的意志，于业余努力求知，继续不断的求进步，充实自己的知识，必有其光明的前途，用不着因得不到学校形式的求知途径，就在精神上永远留下苦闷的因素。

我们只是说现在的社会有其黑暗面是一种现实：我们应认识这现实，面对这现实，当然不是说会有其黑暗面是一件什么可幸的事情；我们的任务要努力使社会的光明面扩大，社会的黑暗面收缩乃至消除；但对于社会的改造怀着急性的纯洁的青年，感到自己力量的微弱，得不到速效，于是又感苦闷了！

我们承认环境的重要，因为环境有着它的影响，正因为这个缘故，我们要努力改造环境，但是同时我们也不能说恶劣环境有绝对支配的力量，它只能支配意志薄弱的人而不能支配意志坚强的人，否则在历史上极黑暗的时代中怎样会产生领导革命的斗士和自求解放的群众呢？

《〈了解了社会的真面目〉编者附言》

这封信里提及"我们还年轻，不能自毁做人的前途"，我们觉得这句话实在值得青年朋友的重视！每一个青年只须能不腐化，常在求进步的路上前进，必然有着他的远大而光明的前途，千万不要因目前所处地位的低微而轻视了自己！

《〈不愿合流〉编者附言》

就一般说来，这样的管理法似乎有些"特别"，但是说穿了之后，却一点没有什么"神秘"，因为它的目的不外是运用"集思广益"的原则来达到"群策群力"的功效。

《弁言》

在别的商店，职员是要由"老板"监督着，才能减少这种种缺点，在生活书店却不然，是由同人执行自发的，自觉的，自愿的纪律，要办到这一点，首先要彻底明了自己对社会服务的责任，对整个团体的责任。

《关于服务的态度》

本店是努力于文化工作的团体或机关，我们是要"工作第一"的，谁把工作做得好，谁就是本店的最可敬重的分子。为我们要切实做到"工作第一"，所以我们要尊重技术，对于本店各部门工作有着熟练技术的同事，是我们所最要重视的同事。

《尊重技术》

我们如保持着尊重技术的态度，对于这类事便须时常加以深切的注意：谁的技术好，谁在技术上有进步，对他便须加以鼓励；谁的技术坏，谁在技术上固步自封，甚至退步，对他便须加以提醒或纠正，不得已时或须加以甄别，绝不应糊里糊涂地过去。

《尊重技术》

本店忠实于国家民族的文化工作，意志纯洁，态度光明，虽一时不幸被误会，而心中没有丝毫愧怍，这固然是勇敢无畏的精神之所由来，但是在这艰苦的情形之下，全体同人镇定而热烈，因公坐牢同事的坚毅英勇，这实在是最可宝贵的，最可崇敬的精神。

《检讨一年来的工作》

困难是任何事业所必经过的过程，看见困难而惧怕而退却而消极的人，便不配参加任何事业！尤其不配参加有益社会的任何伟大的事业！

《发现困难与克服困难》

每一个青年都有着无限量的光明的前途，就因为他的面前摆着学习和进步的前程，能不辜负这个前程，他必然有着光明的前途，至于一时的艰苦困难，一时的地位低微，一时的工作琐碎，一时的委屈苦闷，不但不能损失他的毫末，而且还可以使他"动心忍性，增益其所不能"，否则目前并无"才"可言而终日怨怼于"不遇"，不但无济于事，事实上对于"才"的真正培养反因此而忽略，终无成"才"之日，这真是值得深刻注意与警惕的。

《对人对境和对己的态度》

我们一方面固然也不能抹煞在这抗战的伟大时代，有千万青年被觉醒，在进步的途程上迈进，但在另一方面，也尚有一部分的青年需要正确的领导，使他们走上进步的康庄大道。

《怎样唤醒落后的青年》

我反复郑重说明领袖的伟大不在事必躬亲，而在善于用人，能善用人，则各人的专长，集合拢来即成为领袖伟大力量的构成部分。

《领袖晤谈记》

青年的本质都是纯洁热烈的，因时代巨流的差异和时代需要的不同，反映着千万青年的趋向。千万青年所反映的伟大时代的要求，这种排山倒海的巨潮，是任何顽固势力所不能抵挡得住的。他们是伟大时代巨潮的先锋！他们是要立在伟大时代的最前线！

《自动奋发的千万青年》

合理的教育政策，也是整个政治问题中的一个重要部分，对于下一代国民的培养，对于国家民族的光明前途，都有着异常重要的关系，所以值得我们的重视。

《教育政策不能不重视》

在这样的社会里，任何人对于职业都不能作绝对的担保。但是有了真实的知识能力，尤其是有了专门的知识能力，对职业的获得，总可以多得一些保障。

《女人可以学政治么》

要充分发挥商业性，在积极方面，必须注意"工作第一"，在工作上最努力，最有成绩的同事，是我们的英雄！工作能力最强，办事最负责的同事，是我们大家的宝贝！在另一方面，在工作上撒烂污，成绩上恶劣的同事是我们的害群之马，工作能力不强而办事又不负责的同事，是我们的蠹虫！前一种同事，对于我们的事业，对于我们的商业，都有切实的贡献；后一种同事，对于我们的商业固然只有破坏的作用，即对于我们的事业，也是只有破坏的作用。

《事业性与商业性的问题》

故实行职业教育者，固宜博考他国之良法美意为借镜，尤宜体察本地之社会状况为基本，庶几因地制宜，不贻削足适履之讥。

《〈职业教育研究〉编译赘语》

且任职业指导之责任者，徒于学识方面有充足之预备，犹未可也，尚须具备高尚纯洁至诚感人之人格，诚恳切挚虚怀协助之态度，敏捷精干不畏繁苦之能力。苟无素养与专门训练而贸然以职业指导自任，其贻害有不可胜言者。

《〈职业指导〉序》

夫选用人才者对于人才之适宜与否，往往须于短时间内作最后之决定；若职业指导，乃协助青年从外界及自身各方面加以详慎之研究，其最后决定须由青年自任，非指导者所宜代庖，此二者固有其不同之点也。

《〈职业心理学〉编者弁言》

我常以为任何机关的领袖，对于雇员或任何职员，以为不可用则索性请他"卷铺盖"，既以为可用，便应该加以礼貌，即偶有无心之过，亦应善言婉劝，以养成其自爱自重的潜意识，不应该任意乱骂或直斥，徒造成厚面皮的习惯。家长之于子弟则亦有然，好子弟素未多见家长之斥责，只须略有不愉之色，不悦之言，已经觉得心里难过；若做家长的专喜闹脾气，今天骂一顿，明天打一顿，使子弟把打骂视为"家常便饭"，面皮厚了，虽天天打而且骂，也还是无济于事！

《一位英国女士与孙先生的婚姻》

第六辑

做文章和做人实在
有着密切的关系

读书非受苦之事，乃极乐之事。读中国之文学，则若日与中国之文豪促膝长谈；读外国之文学，则若日与外国文豪同室共语。

《医学博士俞凤宾氏学生卫生宗旨谈（续）》

窃以为为学生者，当时思先哲之遗泽，不敢自暴自弃。读其书，思其人，或师焉，或友焉。寻师友于书卷之中，神交千古，其乐何如！诚意既专，将吾先哲之学理发挥而光大之，诚易易也。寐而梦焉，若先哲之在吾也；寤而怅焉，恐恐然惟惧负吾先哲也。如此性情安得不日趋于厚，学术安得不日进高明！是在吾有志之士，好自为之而已。凡吾学生，安可不一思也！

《不求轩困勉录》

以有限之光阴，从事靡穷之学问，力起直追，犹恐不及，况乃虚耗光阴于无用乎！

《不求轩困勉录》

故修学之成就与否，全视专一与否为转移。不然，虽良师益友，亦爱莫能助矣。

《专一静穆与修学之关系》

学者苟自修于平日，研究于平时，循序渐进，持之以恒，无时不理会透彻，无时不可受考。不考时，吾之为学如恒也；将考时，吾之为学亦如恒也。

《爱校心之培养》

虽然，欲研究学问而有兴味有可乐，不以专一听授为可厌，不以沉潜自修为至苦，果遵何道哉？则舍勤学莫由也。天下事，未有不自艰难辛苦得来而可久可大者。古今学问，亦未有不自艰难辛苦求之而能有兴味有可乐之处者。

《爱校与勤学》

我们要知道批评是要顾着所批评的题目，鉴别他的优劣，不可于题外东拉西扯，溢出范围，作无谓的啰嗦。要知道批评的本旨无论在积极方面或在消极方面，都是心存好意，欲求存善去恶，不可藉为攻讦之工具，以泄私人的仇恨。

《批评的真精神》

吾人当知在社会服务，一方面固在处理事务，一方面即在从中学习，经验随闻见而增进，学识因应用而愈深，日积月累，乃能蔚成大器。

《危机》

欲事业能发展，须于平日贮藏，以自固其基础。

《〈一根毛〉编者附言》

即受得高等教育，亦不过获得较优之基础，其成功亦全恃随后的"教育自己"。"教育自己"的途径大概有二。一为本业内之经验学识，因服务而日积月累；同时对于本业以外之社会常识，因接触与细心观察而与日俱进。此二途均非有高尚意志及肯时时用心学习者不办。

《〈做到老学不了〉编者附言》

旅行是一件增加知识扩达心胸的极有价值的事，加以燕尔新婚，携手偕行，更是人生最可纪念的情景。

《爱巢》

我国有许多人表面上看上去似乎很勤，其实有许多是劳而无功的，毛病便在不用脑子。在学校里一天读到晚，反而造成无用的"书虫"，把"书虫"拥挤到社会上去，便成了虫社会！

《吃力弗讨好》

学问无止境，智慧无止境，我们但有往前进，绝无可以自满的时候。

《通四国文字的十三岁大学女生》

我们觉得对于别人的言语行动，如果常能想想，倘把同样的言语行动施诸己身，或施诸自己所亲爱的人，心里安否，便可以增进德性于不自觉，便可避免许多坏心术的事情，至少可以少却许多不负责任的唱高调。

《自己的未婚妻》

我们以为做事的时候，要使做事与为学兼程并进；我们一方面做事，同时要设法增加自己的新知识，然后两方面始有进步。

《学术界失了一位导师》

"随笔写来，处处动人心弦。"这是在下对苏女士的文章曾经僭加过的评语——我自信是很切当的评语。我读这本书也逃不掉这个印象。惟其处处动人心弦，所以好像拉了读者恍然如亲身加入里面的悲欢离合，与书中的主人公同悲戚，同欢乐。

《介绍一本好书〈棘心〉》

学识与才能，即有不足，都不要紧，最要紧在不苟，在虚心，此两点是处世成功的万宝灵丹。

《要点》

就我们自己解决问题，或是帮助朋友解决问题，可以磨练我们的思考力，如自己没有这相类的问题，尽可当作朋友请你帮忙代决的问题看——对它转转念头，看有什么好方法可以对付，这样也许可以助诸君磨练自己的思考力。

《〈信箱外集之一——该走哪条路〉弁言》

"轻声软语说厉害话"，这是做讽刺文章的要诀。

《一顿教训》

可见就是这些条件具备，也不过配做一个编辑，和干什么"大事业"的"名人""伟人"原不相干，而我在该文中犹以此为言者，实有慨于现在"名人""伟人"之易于冒充，而深痛于不度德不量力，不肯就自己能力做些切实工作，却以棚空场面装空架子为得意者之滔滔皆是。

《一顿教训》

作者的正直勤奋的精神，令我十分敬佩。我们一面希望教育当局对于此类有志之士勿再狠心挡其前途；一面希望作者彻底信任苟有真才实学，总有发展的机会。

《〈一点一滴的干去〉编者附言》

所以科学应用往往出于意外，现在以为有用，研究下去也许无甚结果；现在以为无用，也许研究下去，可以生出惊天动地的结果。

《读〈锥指集〉》

我向来以为评论应根据事实，倘我得到可以评论值得评论的事实，我便评论；倘我得不到可以评论值得评论的事实，我便不评论，绝不因为怕挨骂而摇动这个标准。

《〈对王保应作进一步的批评〉编者附言》

读者诸君在这本书里寻不到什么专门艺术，也寻不到什么高深主义，不过寻得一个很平凡的老朋友的谈话而已。

《预告读者的几句话》

但是用脑也要得法，否则反而容易用坏。例如学校里所谓"书虫"（上海人所谓"书读头"）何尝不是一天到晚的用脑子，可是"愈用"非特不能"愈明"，反而愈笨！要免这种弊病，有两要点：（一）用脑的时候，要使注意力完全集中（concentration）。"书读头"的读书，也许捧着书看了好几页，不晓得自己看了什么！或硬记了许多时候，不懂得自己记些什么！有的人读书时间虽不多，而心得却不少，就是在读的时候注意力集中的缘故。读书如此，处事亦然。（二）这样用脑若干时之后必须有"弛散"（relaxation）的机会，就是要使脑子完全休息，使紧张的脑神经处于完全弛缓的状态。"书读头"之所以尴尬，就在乎"一天到晚"没有"弛散"的时候，所以他的脑子"愈用"而愈"窒"。读书如此，处事亦然。

《半个脑子》

老友秋星君虽是一位工程师，却有文学的天才，所以他写的信和他做的文章我都很喜欢看。最近我又在他那里搜得他的留美日记两厚册，他的那样娟媚的书法和生动的文笔，都使我好像陶醉在百花争妍或月朗风清的境界里。

《偷偷捏捏的大学教授》

学校教育不过是替我们一生的教育上树立一点继续向前进修的基础，倘若入社会服务后不能利用这种基础而继续不断的向前进修，便是把这一点已树立的基础糟蹋掉。常人以为学成而后服务，好像服务之后便用不着修学，不知学无止境，事非呆定，服务与修学应如车之双轮，同时并进，不但不相碍而适足以相成。孙中山先生尝言革命成功在有高深的学问，我们试一追想中山先生终身好学不倦的精神，便知道他一方面尽心竭力求革命的成功，同时却继续不断的求学问。

《浙教厅的研究部》

我们倘若只会瞎写几字刻板的标语，乱喊几句肤浅的演说，便算能事已尽，目空一切，那须先叫自己革命一番！

《浙教厅的研究部》

我们试默察一般人的心理，大概可以说做子弟的人不入学校则已，既入学校，其心理上总以未留学或不得留学为未能登峰造极为憾；做父兄的不培植子弟则已，既培植子弟，其心理上总以未使或不能使子弟留学认为未能登峰造极为憾。他们之所以"为憾"者，其注意点多不在什么真才实学，却在未能得一头衔或资格。这种心理，我们不能怪做子弟的，也不能怪做父兄的，因为社会所崇拜的是虚衔头空资格，真才实学原属无关重要，非如此便无以应社会的需要，便无以增进自己在社会上的地位！

《留学热中的冷静观》

不过愚见以为徒重虚衔头空资格而忽略实际才能，实为一种病态心理；依这种心理，曾经留学的虽饭桶也应该位尊多金，未曾留学的虽有优越才能也应该屈居下位。这样一来，固然冤抑了许多确有真本领而没有虚衔头空资格的人才，也减损了许多确有真本领的留学生的价值。这种恶劣风气之酿成，实在是社会上握有用人之权而自己没有脑袋或虽有脑袋等于没有的一班人的罪恶。结果大家崇拜虚衔头空资格，有无真才实学可以不问；大家所努力者也只是取得虚衔头空资格，无须顾到真才实学。于是于国货饭桶之外，更加上不少洋货饭桶。

《留学热中的冷静观》

世界上最有益于人类者殆莫过于科学发明家；而科学发明家之最足令人感动与兴起者，则在他们的创造及勇进的精神——不知世间有所谓不可能。科学上所已发明而能供应世用的事绩，多为前人所认为不可能者，科学家并不为"不可能"所摧沮，天天在那里干着似乎不可能的事情，常常在那里发表本不可能忽而一变而为可能的事情！

《日新月异的奇妙世界》

一个人的思想行为，除极少数的例外，与年龄大有关系，以庄老先生之"年逾花甲"，有这样的议论和举动，似不足怪，亦无多大研究的价值，不过以"聚举国之彦英"的各代表对他的宏论居然一再"大鼓掌"，深恐闻者不察，淆乱是非，记者不免要说几句。关于"裸体写生"是属于"艺术"上的专门问题，记者完全门外汉，未敢自作聪明；至于本国文字之当"通"，自是不成问题；不过说到"读外国书"便是"洋奴教育"，愚见以为要看你怎样用法，未可一概抹煞。假使生于孤陋寡闻的翠亨村的中山先生不知"读外国书"，他的学识恐怕不能那样渊博惊人。日本的商业学校以雄战中国商场为对象，有以华文为必修外国语者，请中国人教授，每周至六小时之多，其目的绝不在养成华奴。学了洋话去做洋奴是一件事；在学术落伍的中国，视读"外国书"为增进专门学术的工具又是一件事，不宜混为一谈。

《考试声中的希望》

我以为在校时即须注意参加校刊的工作，供给报馆以新闻（登否不管，全为练习计），毕业后寻觅机会到报馆实习。

《想念新闻学》

况且我们做人只能"尽其在我"。譬如当我们在修学的时候，将来做事机会的有无，不是我们自己此时所能做主的，我们此时所能自己做主的是在学识上有充分的准备，以待机会，以利用遇着的机会。

《萦回脑际已有半年的问题》

我素觉中外古今难有完人——倘若不是绝对没有——往往

各有所长，亦各有所短，其为人物的大小，即在其长短的性质和程度何如为断。这样说来，他们有整个的模范给我们，固所欣幸；仅有局部的模范给我们，亦大可欢迎；全在我们能去短取长，作为修养上淬砺奋发的借镜。古人说"青出于蓝"，果能尽量取各人之长以集于一身，而同时尽去其短，也许还可超出各个独立分开的模范，而自成其为完人，不必以前人自限。

《弁言》

我们感觉到知识上的饥荒吗？只有下决心，自动的努力于自修，永续的研究下去。

《怎样看书》

分析时事，研究时事，是为的要明了错综复杂的世界现象和本质，根据时事的发展建立民族解放运动的新政策，训练自己。

《怎样研究时事动态》

我们要综合各方面的新闻材料来推究这一事实的真相。

《怎样研究时事动态》

要用正确的历史的方法论来分析时事动态，而且需要具备一些社会科学的基础知识。

《怎样研究时事动态》

我每得到一个题目，不就动笔，先尽心思索，紧紧抓住这个题目的要点所在，古人说"读书得闲"，这也许可以说是要"看题得闲"；你只要抓住了这个"闲"，便好像拿着了舵，任着你的笔锋奔放驰骋，都能够"搔到痒处"，和"隔靴搔痒"的便大大的不同。

《经历·大声疾呼的国文课》

不过就我很平凡的写作的一点经验说，觉得在初学方面，最重要的不外两点：一是写的技术，二是写的内容。简单说起来，所谓写的技术，是能够写得出自己所要说的话，也就是能够达意。所谓写的内容是有话说，也就是有什么意思或意见要说出来。

《经历·课外阅读》

我当时发现一个有趣的事实。我所看的书，当然不能都背诵得出的，看过了就好像和它分手，彼此好像都忘掉，但是当我拿起笔来写作的时候，只要用得着任何文句或故事，它竟会突然出现于我的脑际，效驰驱于我的腕下。我所以觉得奇怪的，是我用不着它的时候，它在我脑子里毫无影踪，一到用得着它的时候，它好像自己就跑了出来。我后来读到了心理学，觉得这大概就是所谓潜意识的作用吧。无论如何，我在当时自己暗中发现了这个事实，对于课外的阅读格外感到兴奋，因为我知道不是白读白看的，知道这在事实上的确是有益于我的写的技术的。

《经历·课外阅读》

我特别喜欢看他的通讯，有两个理由：第一是他的探访新闻的能力实在好，他每遇一件要事，都能直接由那个有关系的政治上的重要人物，探得详细正确的内部的情形；第二是他写得实在好！所以好，因为流利，畅达，爽快，诚恳，幽默。

《经历·新闻记者的作品》

秋桐文字的最大优点是能心平气和地说理，文字的结构细密周详，对政敌或争论的对方有着诚恳的礼貌，一点没有泼妇骂街的恶习气。我很觉得这是现在我们应该注意的态度，——尤其是现在积极推动全国团结御侮的时候——不要心境过于狭隘，太不容人。

《经历·新闻记者的作品》

做文章和做人实在有着密切的关系。做了一个要不得的人，原来能写很好文章的，到了那时写出来的也要变成要不得的东西。这也许是因为好的文章不仅有着好的写的技术，同时也离不开好的写的内容。而且还有一点似乎奇特而却也是事实的：那便是内容的要不得往往也要影响到写的技术。因为只有理直气壮的内容才写得好，否则扭扭捏捏，不能遮掩它的丑态！

《经历·新闻记者的作品》

在积极方面，我们在阅读的时候，便须时常注意成语所在处的上下文的意思。我们在所阅读的书报里，看到一种成语出现两三次或更多次数的时候，如真在用心注意研究，必能意会于它的妙用的。我们用这样的态度阅读书报，懂的成语越多，记的成语越多，不但阅读的能力随着增进，就是写作的能力也要随着增进。

《经历·英文的学习》

我认为这是有志著述的人们最要注意的一个原则：在写作的时候，不要忘记了你的读者。

《经历·编译的教训》

我们要知道，教师的重要责任是要训练学生养成独立研究的精神和能力，并不是仅仅在课堂里教了一些课本上的东西就算了事的。

《展望·进一步的研究》

这个计划里，依所商定的时间（一年或二年），根据所欲研究的中心问题，把必须读的书和必须参考的书列举出来，在列举之中把各书的先后和研究的门径与方法都有系统的规定好。

《略谈读书的方法》

能读一种外国文的人，读原文的社会科学的书，比读译文舒服得多迅速得多，也就是可以使读书的效率增加得多。正确的译本不易得，尤其是较深的书，常常易被译者译得"走样"，所以我甚至于感觉到仅能看译本的人看得很多之后，把许多"走样"的知识装满了一脑袋，在思想上也许不免要含有多少危机！所以我要奉劝真有志读书的青年朋友，最好能够学习阅读一种外国文的能力。

《略谈读书的方法》

读者依着这个介绍，在图书馆里简直好像是在掘金矿似的，越"掘"越有趣味。

《略谈读书的方法》

除掉读正确的报章杂志以外，还要有系统地选择你需要研究的书籍阅读，同时，仔细地观察并分析客观的现实，把理论与现实密切地联系起来，更容易获得显著的进步。

《复费建中》

现在有些学校只"欢迎"学生死读课本，最"忌"学生阅览课外读物，殊不知学校教育只是每个人一生中的学习过程的一小部分，而校内的课本教育更只是学校教育中的一小部分，死读几册课本，便能满足青年的求知欲吗？这只是"大朋友"糟蹋小朋友的罪恶而已！

《〈致晋察冀儿童团的信〉编者附言》

当你阅读了上述的基础读物以及经常阅读上述的刊物以后，当可有相当正确的辨别力，不至于轻易为人家的花言巧语所迷惑而走入歧途。努力向正确的理论学习，可以使自己有正确的人生观世界观，认识工作的意义，预见光明的前途；可以使自己努力工作，积极向上，不致为暂时的挫折而消极颓丧。所以，正确的学习，对于一个青年实在是太需要了。

《复梅林》

　　我国有一句俗谚很有意思，就是"做到老，学到老"，学习是终身的事情，学校中的学习不过是学习的一种形式，不过是一生学习过程中的一个小小的阶段，即令大学毕业，也不过是替我们造成继续学习的相当基础，也不是学习的终止。明白了这一点，我们便不致以学校的学习是为绝对的唯一学习途径，得不到学校的学习便好像此生永远没有学习的可能，甚至感到"我没有希望了"！

　　至于内容，最主要的是对于人生实际生活的体验，不是全在书本上所能得到的。生活经验愈丰富，写作内容也愈丰富。有人说初习写作者要写自己所最熟悉的事情，这也是因为写作内容要根据个人的生活经验或观察体会所得。此外还有专门知识的研究，如有志经济学的写作，便须研究经济学，有志哲学的写作，便须研究哲学，不是有了写作技术就够的。至于社会科学基本理论的了解，那是任何部门的作家所应该同具的。

《〈富有向学及爱国热忱的女同学〉编者附言》

　　来信又说："越看书越痛恨眼前的黑暗，越觉得性急不能忍耐下去，但又无法见到光明的迅速实现。""黑暗"是谁都不欢迎的（除非是靠黑暗吃饭或维持自己地位的人们），但是看了正确的理论书不应该只是"痛恨""黑暗"，而应该彻底了解"黑暗"之所由来；不应该只是"性急"，而应该彻底了解消除"黑暗"和促进"光明"的途径。所以看了理论书而真能消化的，不但不会感到"苦闷"，不但不会感到"悲观与消极"，而且由于彻底了解了社会发展的规律，把握住历史的动向，只有增加自己的勇气，加强自觉的努力。

《〈越看越苦闷〉编者附言》

试举一二例子来谈。这封来信说"越看书越觉得另有光明的世界，越觉得眼前的黑暗"，这几句话的意义如果是说"另有光明的世界"是与现实脱离关系的凭空而来的世界，眼前尽是"黑暗"而不含有"光明"的胚胎，使人忽视了当前的实际努力而一心梦想乌托邦似的"另有光明的世界"，那必然是要使人感到失望的，因为这样一来，使人对于实际的努力不注意，而空想"另有光明的世界"之从天而降，事实上绝对"无法实现"，当然是免不了"苦闷"的，免不了"悲观与消极"的！其实正确的了解（这正确的了解是正确的理论应该能给与我们的）应该能使我们知道"光明的世界"绝对不是脱离现实而凭空降生的，它的产生的条件已含在旧社会的胎包里，只须条件成熟，新的社会——"另有光明的世界"——便会产生的，我们必须在"黑暗"中看清"明灯"之所在，努力加速必经条件的成熟，使实践的努力和理论的认识密切联系起来，不应脱离现实而作非分之想，反而怪看书看坏了！

最后说到袁先生所劈头提出的"越看越觉得学问的无限，自己的太不够"，这是古人所谓"学然后知不足"，正是一种好现象，是一种进步的推动机，因为知道学问的无限，便不致以略有所知而自满，知道自己的太不够，便更要加紧努力，而不致固步自封。其实学问浩如烟海，无有止境，即世界上任何伟大的学问家也不能自信是已够了的。正是因为这个缘故，我们的自我教育要以最有效的最经济的办法求得最善的结果，加强我们的努力，哪里可以反而以"苦闷""悲观与消极"来妨碍自己的进步呢？

书报被称为"精神食粮"，"食粮"是否有益于身体，要看它的内容如何，如果把有毒质的食粮往肚子里送，那是吃得越多，为害越大，不仅仅是"苦闷"而已！"精神食粮"也不能例外，故"吃"的时候也有加以选择的必要。袁先生提及"看理论书"，怎样的理论书，我们不得而知，为便于讨论计，我们假定认为是正确的理论书，正确的理论书是只有振作人的精神，鼓励人的努力，而应该不至于反而使人看了"苦闷"，甚至"悲观与消极"的。否则毛病不在书的本身，而在看书的人的方面。我国有句老话说"食古不化"，倘若看书而"不化"，那就是正确的理论书也要发生意外的结果的。这一点我们要唤起青年朋友们的注意，因为我们在事实上的确看到不少青年朋友虽喜欢看书，却患着消化不良的毛病，喜欢看书是良好的习惯，是进步的康庄大道，但是如果消化不良，往往越看越糊涂，越看越钻至牛角尖里去，那都是所谓"不但无益，而又害之"。

《〈越看越苦闷〉编者附言》

著作和学术的进步发达是一国文化力量的重要基础。

《比奖金更重要的事》

小学是儿童培养基本初步知识的处所，如有常识一科，最好能时常留意新鲜有趣味的材料，在实际材料中（如故事之类），灌输有关民族意识的知识，切忌公式化，呆板说教的方式，容易使儿童索然无味。

《一个小学教师的烦恼》

一面用心看书报上别人的写作，一面用心注意自己的写作，即一时没有人对你批评，也是可能有进步的，不必因此自馁。

《标点符号与写作方法》

其实新闻记者的技术问题，如采访新闻编辑新闻的方法，写的技术等等说起来，都比较地简单，重在实际练习，最重要的还在丰富的常识及写作能力的素养，这不是六个月的短时间所能速成的，必须有较长时间的修养或自我教育，接着在实际工作中不断的学习。

《有志于做新闻记者》

研究新文学的写作技巧，最扼要的办法还是多多阅读名家的著作。

《中国和英国的反攻》

多多阅读足资模范的名作，多多观察体验社会的种种现象，同时常常注意现代的进步思潮，如此对于写作能力，材料内容，以及指示人生各方面，都可获得不断的进步。

《热情如火精神如蜗牛》

你有志学习写社论，还须先从研究专门问题或选习某部门的知识入手。写作能力的培养固然也重要，但是写作内容的准备更重要。

《怎样进行农村中的教育工作》

第七辑

自觉心是进步之母

盖行事之勇，如大川之溃决莫之能御者，必其所知有素而所信甚坚也，不然，若稚子夜见其影而惊惶失措，未有不裹足不前，欲进而怯者也。

《班超遣甘英使大秦至条支临大海不渡而还论》

道义之交，盖具四德焉。四德维何？曰敬爱，曰虚心，曰不蓄疑，曰不嫉妒。

《不求轩困勉录》

交之未能有终也，必始乎怨隙。怨隙何自始？始于争。争自何始？始于自是。

《不求轩困勉录》

夫责善，朋友之道也。心果疑，则质之。质之而果合吾之所疑者，则忠告而善导之。

《不求轩困勉录》

竞争者，见他人品行之高超，闻他人学问之精善，钦仰此人，而自顾惭颜，以奋发其立品之志，以奋发其力学之心者也，所谓见贤思齐是也。

《不求轩困勉录》

吾人以渺渺之身，立于世间，虽若沧海一粒，似无重轻，而大之立功立业，小之报亲裕后，皆所寄托。

《医学博士俞凤宾氏学生卫生宗旨谈（续）》

故既有强制强恕强为善之心，而尤当辅之以坚忍不屈，果决不摇之精神，所谓毅也。

《强毅与刚愎》

吾今于强毅与刚愎之间，更为一至显明之解释以勘之曰：勇于改过迁善，而不以外力摇动沮丧其志者，强毅之士也。善于文过饰非，而犹讳莫如深，自欺欺人者，刚愎之小人也。

《强毅与刚愎》

种种藐视，皆为我自励之资；种种烦恼，皆为我练心之助。躬自厚而薄责于人，我何乐而不为君子！轻笑人以长其骄矜，彼徒然自陷于小人。我辈遇横逆烦恼时，作如是观，未有不洒然自得者。

《学生卫生丛谈》

出之以骄则气盈，气盈则昏，昏必败。所谓举趾高，心不固也；心不固，焉得不昏。出之以怯则气馁，气馁则乱，乱亦败。

《读司马光资治通鉴苻坚淝水之败书后》

人格为为人之基，勤奋为成功之诀，俭朴为立身之本。

《对于吾校二十周纪念之感想》

不惧以成其勇，勇而后能行义。不惑以全其智，智而后能知几。

《问于忠肃之狱薛敬轩先生时在内阁何以不力争时石亨专权先生何不即去位试据当日情事论之》

抑吾所谓奋斗精神者，非以坚甲利兵与仇敌相见于疆场之谓也，盖以忠恳真挚之热诚，百折不回之毅力，与己身之腐败恶习奋斗，与社会之腐败恶习奋斗，与家庭之腐败恶习奋斗，不受前人种种陈言所羁縻，不受现在种种腐败环境所诱惑，卓然自立，奋往前迈，夫然后青年奋斗精神凯旋之时，即国家前途希望如愿之日。

《青年奋斗之精神与国家前途之希望》

夫事业之大小成败之枢机，咸视奋斗精神为转移。境遇坎坷，有奋斗精神者当之，适足以苦其心志，增益其所不能。苟无奋斗精神，虽逢顺泰境遇，适足养成惰性而陷没终身。

《青年奋斗之精神与国家前途之希望》

天下事之大病在不思，思则弊病立见，不思则虽极野蛮极无理性之事而犹奉为金科玉律，心中不敢稍存异念。

《愿全国为女子者思之》

人之一生，盖为爱所抚养，爱所卫护，爱所浸润，爱所维持。

人生无爱毋宁死，人生有爱虽死犹生。

《爱与人生》

职业是一方面利己，一方面利人的行为。一个人生在世界，受了人群的许多利益，人人都应该各尽所长，对于社会有尽量的贡献。

《职业的真乐》

注重勿以贫儿出身为耻，诚以人人产生时，并不携财随身而来，父母穷困不能教养，非青年自身罪过，无所用其惭愧，当发奋求自立，望前程猛进。

《参观沪宁路线各地职业教育述评》

即不满足于目前职务，虽不妨留意更好之机会，但对于目前事务仍须忠诚做去，丝毫不容苟且。

《〈一根毛〉编者附言》

倘悲观能救你的穷困境遇，我一万分的赞成；倘你要跳出穷苦境遇的桎梏，你只有乐观的向前奋斗一条路走！悲观只能伤你的精神，堕你的志气，绝你的希望，阻你的进步，而仍丝毫无救于你的苦境！

《请看已用十二万万元于利人事业的煤油大王》

我们若能事事竭吾心力做去，便是时时刻刻过成功的生活了！各人能尽量发展个人的天赋能力，各人能尽量使所做的事业发展到力所不能再进的地步，便是个人的成功。

《现代一位文豪对于成功的精辟见解》

人不自重，而轻与人争，往往取辱。非但亲友等辈之间，即一切细人，亦不可轻易肆言动手，倘彼一时不逊，必受耻辱。纵使惩治，在彼无足重轻，在我已伤体面。

《如何处世》

人生必须服务，求学非以自娱，无论至若何高度，总以其所学能应用社会，造福人群为贵。

《职业教育之所由来》

但是我们试想世界上有多少没有良好机会的苦儿，竟利用许多短的闲暇，成功大业，便知道我们所虚掷的闲暇时间，倘若不虚掷，能利用，已足使我们必有所成。

《闲暇的伟力》

经验是积累而成的，到了相当的火候，才有相当表现，矫作不易，勉强不来。

《经验的表现》

社会上用人的都特别注意"靠得住"。靠不住的人就是有奇才异能，只有更靠不住，靠得住的人再有奇才异能，更易"飞黄腾达"。靠不住的人幸而"飞黄腾达"，终有跌一跤爬不起来的日子！

《靠得住》

天下事业的成功是没有底的，人生的寿数是有限的。无论哪一种专业或者哪一种专学，绝不是可由任何人所能做到"后无来者"的。

《干！》

要养成"干"的精神，先要十分信仰天下事果然干了，无论大小，迟早必有相当的反应或结果，绝不会白费工夫的。

《干！》

不怕繁难，愈繁难愈要干，只有干能解决繁难，不干绝不能丝毫摇动繁难。

不怕失败，能坚持到底干去，必能成功，就是成功前所经过的失败，也是给我们教训以促进最后成功的速率。

《干！》

其实你学识怎样，人家自然晓得；你办事成绩怎样，人家也自然晓得，久了必定晓得。一出了你自己嘴里的"火"，似乎反把固有的价值，降至零度！

《自然晓得！》

　　其实好名并不是坏事，不过我们要知道"实至名归"的名，是随着"实"而自然而然的来的，这种名才有价值。才能令人"心悦诚服"。

《死出锋头》

　　一个人年岁大而老，是无可如何的事情：但是虽年老而精神要不老，否则便是"老朽"。

《老而不老》

　　老年人的好处在有经验，在持重，在镇定；少年人的好处在有勇气，在肯做，在向前。倘能把这两方面的好处合起来，老也好，少也好，都是大有作为的人物。

《老而不老》

　　我要奉劝一般性急朋友，倘若"欲速不达"，"眼光如豆"，梦想有什么事业或成功从天上丢下来，是永远没有的事情！反过来说，就是我们若要想做任何较有价值的事情，总要下一番切切实实的准备工夫，总要预备十年或二十年的精神往前勇猛的干去！

《汽车大王又出新花样！》

生活的奢与俭虽不能有什么一定的标准，我以为能"量入为出"，或能"量出为入"，虽奢而不奢。

《尴尬》

一个人须内心有所自主，如一人誉之而喜，一人毁之而忧，绝做不成什么好事。

《孤独》

我主张做父母和师长的人，对于高尚的男女交际，都负有提倡及指导的责任，绝对不应采取禁锢的主义。

《男女同学的沪江大学》

无论做什么事，如果怕失败，不敢做，便永远没有成功的日子！

不要怕！不要怕！充其义便是大无畏之精神！

《不要怕》

天下难有心满意足的事。在旁人看起来以为可以心满意足，而在当局则殊不然。我们做人应该多从光明方面着想，勇猛进行，不必多向黑暗方面瞎想，弄得怨天尤人，于实际一无所补。

《电影明星何以也有苦处》

（一）一个人必须有个志愿或目标，然后易于着力，易取聚精会神的功效;(二)机会虽是不全由自己作主,但奋勉自修以求进步,是完全可以自主的事情;(三)对事业能胜任愉快,全靠平素的准备工夫。

《职业修养不是隔靴搔痒》

我觉得我们做人,对付世上的事事物物,也应该有这位天文学家那样的镇静态度,冷静脑子;研究社会问题,处置人生问题,也要有这位天文学家那样的兴趣。

《写意得很的天文学家》

"恕"字有二义,一是"推己及人",就是《论语》里所谓"己所不欲,勿施于人"。还有一义是"宽恕",也就是俗语所谓"马马虎虎",马马虎虎便是造成麻木不仁的社会的根源。

《〈忠恕〉编者附言》

我们赞成拼命的精神,不赞成轻生的举动。所谓拼命的精神,也就是拼死的态度。所谓拼死,不是就要死,是拼死命的干去,干到死而无可再干的时候,也就瞑目算了!

《寻死路问题》

天下最气壮的事情莫如不假,因为不假的事情没有拆穿的余地。

《吃瘪》

专为金钱的爱，钱亡爱亡！为本身可爱而爱，乃是真爱。

《订婚之后才晓得》

我们以为做人，尤其是做热闹中人，都应该有一个时候处于孤寂静默的环境中，获得澄思清虑的机会，庶几不至追逐潮流，消亡自身智慧；每日忙碌的人，亦宜有一点儿时间清心反省，或静默养神，于身心都有极大的益处，并有极大的乐处。

《狂热中的清静》

他人如何我不问，我自己无论如何，必保守我的清廉操守。这样的人多了，少数的坏坯也就无容身之地了，积少成多，先从个人做起。

《几件快事》

我们以为无论做人做事，宜动些脑子，加些思考，不苟同，不盲从，有自动的精神，有创作的心愿，总能有所树立，个人和社会才有进步的可能。

《肉麻的模仿》

我们待人，金钱的势力有限，威势的势力也有限，最能深入最能持久的是感情的势力，深切恳挚的情感，是使人心悦诚服的根源。

《感情》

世上实际没有什么功而自以为功劳很大的不知有多少！有

一点功而忍不住一定要自表的更不知有多少！其实自表自己的功劳，精神上并不愉快，有的时候还使旁人齿冷，至少替他觉得难为情，惟有不自居功的人，精神上最快乐。

《救了三个女子而不自居功的女子》

"不动心"的确大有可以受用处；不过不动心的修养，不是要养成"冷血动物"，是要养成可以自主的能力，不任感情盲目奔驰，以致自寻苦恼。

《〈不动心〉编者附言》

一个人怕孤寂，最怕精神无所归附：我们倘能就性之所近，鞠躬尽瘁于某种学问的研究，或某种业务的进行，一团高兴的做去，自觉得有安心立命怡然自得之乐趣；也许环境愈孤寂，用心愈专，久而久之，有了兴趣，此心有所安顿，便不觉其苦了。

《〈一个很知己的女友将出嫁了〉编者附言》

所谓"做人的态度"，并不是无用的玄想，乃是可以用来对付种种人生问题的工具，再简切的说一句，就是可以切实用来帮助我们"做人"。

《看到了好东西》

所以我常把一种事业的进展历程比作一条无限长的线，它的性质是"无涯"的。我们以"有涯"的生命，做任何一种这样"无涯"的事业，只能依各人的能力，在这条线上推进一寸，或几寸，或几尺，推到我们"瞑目"的时候，只好让继起的别人再向前推。这样想来，就是依着我们各个人的能力，或大或小，或推得远些，或推得近些，总不能"包办"全线的结果，这是很显明的。所以严格说起来，我们各个人择了任何一种事业向前做去，只有利用自己的能力，所有的机会，尽心尽力向前干去，干到哪里算哪里，也可以说好像向那条无限长的线推去，推到哪里算哪里。

《看到了好东西》

我们做事，先要自己分别是非，决定途径，外面有毁誉来，我们当然可以作为"自省"的资料，但在"自省"之后，觉得自己的确不错，也就可以心神泰然，屹然不动，因为就是受冤一时，只要的确问心无他，是非终可自白于天下的。若一人誉之而喜，一人毁之而悲，一天到晚心神不宁，绝不能干大事。

《看到了好东西》

一个人有大志本是一件极好的事情，所以我们说"大"本无妨。不过我们要明白，就原则上讲，职务的性质无贵贱，只有责任大小之区别。职务大者责任大，职务小者责任小。要负大责任，须有大修养，须有大阅历，不是一旦侥拥"大"的虚名，便能胜任大事的。

《赤裸裸的狂想》

我们做事，最重要的是不要说空话，先要咬紧牙根做点实际的成绩来给人看看，不求谅解，总有谅解的一日。

《一个充满科学精神的办事机关》

人生的光明前途是由自己奋斗得来的，天下有志上进的穷苦青年，何必自馁！

《贩报童子出身的胡佛当选了》

年壮力强的时候，做一番事业，老来追忆陈迹，尚可觉得不虚此生；若当有为的时候，马马虎虎的蹉跎过去，老来回想百无一成，精神上又是另一种的悲感了！

《不可一世的政治家八十八岁了》

我们做人，只有就自己心力所及做去，对于想象的危虑，绝非自己所能为力的，尽可不管，切勿萦怀以自寻烦恼。

《〈大学毕业生〉编者附言》

人总要有所精；要有所精，须有极浓厚的兴趣，把自身和所喜做的事融合为一。

《影戏迷做了女主笔》

从这件很寻常的小事，也可以见得偷偷捏捏不好意思声张的事情实在做不得！做了就是有冤枉，往往也无处伸冤！

《不好意思声张的事情》

"名"这样东西，倒也很恶作剧，你真是有了"实"，虽无心去求，他却不轻易的丢开你；在这种情形之下，硬要使你的面孔出名，有的时候倒也无可如何。

《名人的面孔》

机会也许不是全由我们自己做得主的，但是准备能力以俟机会，却是我们自己所能自主的事情。

《立法院擢升"倒老爷"》

一个人只要肯用心思，想点新花样出来，无论极小的事情，看上去觉得很平常的事情，都有成功的可能。能这样想出新花样，在个人方面固易成功，在社会方面也因他个人的成功而得到他的利益。

《想点新花样出来》

对人的牢骚和对己的牢骚合并起来，成为内外夹攻的牢骚。这样内外夹攻的牢骚袭击我们而获胜的结果，便是使我们对人生悲观，对事业消极。

《内外夹攻的牢骚》

我们主张"有得做就做"的积极向前的态度，就是注重在求其在我。倘若我们所处的求学境遇很苦，只有尽力利用可能的机会，寻着了出路就钻出来，高高兴兴的寻，高高兴兴的钻出来；倘若我们所处的做事境遇很不舒服，你给我做一天，我就用全副精神高高兴兴的做去，就是明天没得做，今天还是要高高兴兴的做一天，做到没得做时再说。

《内外夹攻的牢骚》

当攻击而攻击，其动机在除恶，或促对方之觉悟而改善，本不足病，不过我国人与人竞争，每每不想把自己弄得比别人好，却钩心斗角想把别人压下去，所以只要你有一二胜人处，便有了受攻击的资格！因此在我国社会上做事，最好是一声不响的埋头尽力做去，静悄悄的干，务其实而不居其名，那么所做的事业也许有一二成就的希望。

《攻击》

我们对付事情全恃自己先有了正当的态度，然后不致受外境所震撼，好像船有了舵，就是遇有风浪，还可以不碍事；若自己的态度先错误，自己的心绪先恶劣，什么都干不好。

《师友夹持》

更事少的人，经历少的人，磨练少的人，易受挫折所摧沮，易为困难所惊动，有了更事多的人，经历多的人，磨练久的人，觉得挫折可以再接再厉，困难可以攻守兼施，用不着灰心，用不着胆寒，在旁提醒，在旁开导，在旁鼓励，乃至在旁协助，便可不至趋入歧途，渐达康庄大道。

《师友夹持》

人类究是动物，各有优点，也各有其弱点，要增加优点而减少弱点，在乎修养，个人修养往往有时因为识见所限，思想所限，不能不恃有贤师良友的夹持，辅助其所不足，提醒其所未悟，援助其所未能。所以昔贤往往不远千里寻师访友以自益。

《师友夹持》

人家敬重或唾弃，其权似乎在人，其实仍是在己。做了强盗便受社会的唾弃，做了著作家便受社会的敬重。一个人只要自己咬紧牙根，力图自强，不必孜孜于求人知，不必以凡人的毁誉而撄其方寸。

《强盗一变而为小说家》

在下报告这件事，当然不是说强盗有什么提倡的价值，也不是说坐监牢是一件什么可喜的事情；我们所要特别注意的是人才高下，视其志趣，苟不甘下流，力自奋勉，有决定不移之志，有勇猛精进之心，虽强盗尚有去恶从善，蔚成著作家的希望，常人更不消说了。

《强盗一变而为小说家》

一个人能得几个患难之交，真是一生莫大的幸事。此事似乎"可遇而不可求"，但想到"同声相应，同气相求"，在我们自己所能尽力者，尤在于学识品性各方面深自淬砺，而后交得到好人；这种好友在我们卑微的时候易于获得，等到世人视为得意的时候，恐怕就不很容易交得到真正患难的朋友。

《交几个患难中之朋友》

我们要提倡"老而不朽"，青年壮年的人更不该有什么"老气"。大家要增进智慧，锻炼体格，打倒死样子，唤起活泼有为的精神来！

《如此起劲的几个老头儿》

我们只有就现在所有的能力和机会尽量的做去；无用的瞎想，只不过徒耗精力于无用之处，当毅然决然的一概摒绝。

《瞎想》

其实自己有真价值的人绝不为无理轻视者所能损其毫厘，尤其是先知先觉者在猛进时更易受人轻视，甚至屈辱。我们做人，当求自己有以自立，别人看得起或看不起，当一概勿以萦怀。

《我们要想到》

一人若仅限于为己的经营，一身而已，乃至一家而已，若能扩充其心志为社会人群谋福利，则所及之人愈多，其所贡献的范围亦随之而俱广，即其为人的价值亦随之而俱增。

《甘地给予我们的印象》

义者事之宜也，复者践言也，自料可以竭尽绵薄之处，固当为人谋而要忠，自量实在无以报命，则只得歉然婉谢，勿轻然诺，苟不谨之于始而虑其所终，则因循苟且之间，将不胜其懊丧悔恨。

《一只猫儿》

所以我以为不但法律家要有爱多尔，无论委身何种事业的人都应有他的爱多尔；换句话说，对于他的事业都应该有一种"信仰而崇拜"的情绪，否则绝不能深入，绝不能有真正的心得，绝不能有继续不断的进步，绝不能有真正的贡献。

《爱多尔》

即有狂风怒涛扑面而来，而我的心境仍是和风平浪静安如泰山一样；豪杰之士所以能平大事于纷乱震撼之际，或临危受命，视死如归，不动声色，都靠这种心境发生出来的力量。

《问题解决后的心境》

我们倘能问心无愧，尽我心力对社会有所贡献，此心便很太平，别人知道不知道，满不在乎！有了这样的态度，便享受得到胸怀浩大的愉快心境，便不至为"患得患失"的愁虑所围困，所以我说热中好名远不如太上忘名。

《忘名》

"忠言逆耳利于行"，我们既知道忠言是"逆耳"的，我们自己做直友的时候，存心尽管忠直，措辞尽管忠直，却应出以温和诚恳的态度，勿予对方以难堪。

《骨鲠》

骨鲠的人之所以可贵，因在其正直忠诚，尤在其真知灼见。有一班人并不讲是非，并不分析研究事实的内容，但知无事不骂，无人不骂，这是我国自命名士派的一种，最为可厌，绝不配说到骨鲠两字。这种人毫无诚意，既无所谓"忠"；胡说八道，又无可"信任"。不幸遇着这种人，只得"敬而远之"，和他无从说起！

《骨鲠》

我们这样由十四种元素凑成而终须归化于大地的躯体，只有在寄存于此世间的数年或数十年中，各就个性尽量为人群努力，使人多少得点益处，尚有一些意味，此外实一无可恋，何苦争名夺利攘权，扰个不休？

《辛酸的回忆》

办事经验，如海之不可测其深，须刻意探求，得一分，算一分；初得少许，便谓已足，乃是大误。

《要点》

其实一个人只要不是骗来的偷来的，是经营不犯法律范围

{176}

内的事业而努力赚来的，就是发了财也并不发生道德上的问题。

《〈生活〉周刊第 5 卷第 7 期编后随笔》

　　我个人对于人生的背景向来也是消极的，因为人生不免一死，无论如何亲爱的人总有撒手的一天。但我却主张"消极中的积极"，也就是"当以出世的精神，做入世的事业"，这样一来，反而觉得海阔天空，独往独来，毫无挂碍。

《此恨绵绵》

　　常语谓理想为事实之母，我以为批评也可以说是进步之母，最无进步希望的是讳疾忌医，不愿人批评，甚至不许人批评。

《洋顾问赤裸裸的批评》

　　凡能用至诚的精神抱定宗旨奋斗到底，必能发生很大的力量。

《明显直率的叛逆行为》

　　……我以为还可养成一种同样重要的精神，叫作"合队工作"的精神。这种精神以比赛如棒球篮球足球之运动为尤著，队中各员须努力于各人应负的职司，同时须全队和衷共济，积极合作，始能克胜敌队。

《〈生活〉周刊第 5 卷第 18 期小评坛》

意志薄弱的人，一遇困难往往即萌短见，不知胜利即战胜困难的名词，不能战胜困难即无胜利之可能。

《挺身当炮口的程德全》

名誉心未尝不可成为督促上进心的一种要素，但是骛名如上海人所谓死出风头者，在个人往往落得有名无实自欺欺人的结果。

《〈汉皋旅次〉韬奋附言》

我近来常觉得各依个性所近，以出世的精神，遁世的心愿，不计成败不患得失不顾毁誉而埋首尽其心力死干所能干的入世事业，工作的本身即含有至乐，此外不必存心求得"酬报"。

《〈汉皋旅次〉韬奋附言》

机会似乎是一种可遇而不可求的东西，但机会实随处而是，要你自己有志愿有能力去利用它。

《一位文坛老将的学习机会》

想出了相当的办法还不够，还要能够很镇定的很忍耐的按照办法做去。由办法的着手到结果的获得，必须经过相当的历程与时间。

《心急送命》

表示负责虽未必即能负责，但并表示负责而不敢，所谓扭扭捏捏，阴阳怪气，去负责当然更远。

《李仲公氏负责的表示》

诚有改造社会的志愿，须具有战胜恶环境的精神。若经不起刺激而自戕，何异为敌张目而自居俘虏？

《只对他人"有厚望焉！"》

但是记者以为落伍固不幸，犹非大患，若既已落伍而犹不思向前追赶，则愈落愈后，乃为大患。

《中国航业的曙光》

欲望能达到什么地步，要看我们自己的努力如何；我们只得尽其心力向前干，干得一分是一分，不愿妄自菲薄，亦不愿妄自尊大。我们深信一人所能自效于社会国家者只能各尽其所能竭力做去，故无所用其菲薄；但人生有涯，事业无尽，沧海一粟，所成几何，故亦深知无可自大。

《我们的立场》

学业之成就，多由刻苦中来，纨绔子弟之多不成器，即由于舒服惯了，先生之能吃苦处，正是他的学业有成就的基础。

《志悼本刊医学顾问俞凤宾先生》

盲从好像戴有色眼镜看东西；研究好像用显微镜细察；深闭固拒，闭塞聪明，则等于闭着眼睛不看！有眼睛不看，或不许看，便等于瞎子！瞎子更易于盲从，这是很显然的事实。

《研究与盲从》

记者以为批评当就事论事，应以事为对象，不当以人为对象。就是坏人，如有好事，我们应当对此好事加以鼓励；就是好人，如有坏事，我们也应当对此坏事加以匡正。

《〈关于西医道德的补充〉编者附言》

百句中尽管有九十九句是无的放矢，若有一句搔着痒处，此一句即吾药石，即吾导师。

其实人生数十年，也未尝不可作一夜观。发了一夜的财——而且还是有名无实的财！已经如许苦忙了一夜，即发了数十年的财，更要如何的苦忙！

《发了一夜的财》

我们以为昧着良心干的钱当然要不得，就是用正当方法赚来的钱，除自给相当的生活及子女的教育费外，应多为社会设想，尽自己的力量多做一些有益于人群的事情，不要情愿加入"守财奴"的队伍里去！

《发了一夜的财》

天下虚伪的事情迟早总要拆穿的，所以俗语有句话说，"若欲人不知，先须己莫为"，作伪的人看透了这一点，也许要"废然知返欤"！

《柏林大学找不出这位博士》

"名者实之宾也"，名过于实已经可耻，既无实而所谓名者又是冒牌的，更糟！

《柏林大学找不出这位博士》

一个人价值之大小，视其为群服务精神之大小为断。

《死后如何？》

人寿几何，终须一死，那些只知刮地皮，争权力，置国家安危于不顾的坏坯，活的时候使人怨愤，供人臭骂，死了之后使人快意，留人痛恨，何苦来？何苦来？

《死后如何？》

在做假的人都以为是"深谋远虑"，"万无一失"，不知天下只有真的事情是可以颠扑不破的，假的事情无论如何周密，总是必有一天要拆穿的。

《糊涂虫假认真》

天下最可鄙的是自私自利，天下最可敬的是为群为公。仁人烈士之所以引人歌泣，使人膜拜，都因他们不顾一身之私利而惟一群福利之是求，惨恻悲壮，至诚感人。

《令人敬仰崇拜的女接线生》

其实无论男女，要解放，都须以养成自立能力为前提，不仅婚姻一事而已。

《也许是能力的表现》

我以为私德和公务虽不必常牵在一起，但我们至少要牢守一个重要条件，就是"小德出入"而有妨碍公务之处，仍当毅然决然戒绝。

《偷偷捏捏的大学教授》

个人在平旦清明时亦常受良知的督责而不免疚心，时在苦恼的境域里兜圈子，心境永无太平的时候。惟有抓着了一件自信为自己干得好的，为自己所愿干而有所贡献于国家社会的事情，聚精会神的干去，鞠躬尽瘁的干去，干到死才撒手，吃力也许吃力些，却是一人精神上最愉快的事情。一人如抓不到自己值得以身殉的事业，糊里糊涂的死去，写意也许写意些，却是人生一件最不幸的事。

《虽死何憾？》

欲成就多少事业的心愿几于人人有，但畏惧艰苦忧难，一遇艰苦忧难，就要心灰意冷，好像最好有做好的现成的事业可以揩揩油，或至少也要没有什么艰苦而且易于速成的事业做做，这种心理也几于人人有；所以空愿尽多，而成就很少像史氏对艰苦忧难不但不畏惧，且能"乐此不倦"或"视痛苦如无睹"，有了这种精神，怪不得"至诚所至，金石为开"。

《虽死何憾？》

人生有涯而人群的进步无穷，我们只望能把在我们手上做的事做得好；有一天给我们做的机会就一天不放松，就一天"要尽力做去"。我觉得这种态度最好。就是世界上科学方面许多发明的惊人成绩，也何尝不是由许多人的这样的精神聚积而成？

《倒也没有什么稀奇》

我以为我们只求"胜过"而不求"压倒"。只求"胜过"者不忌别人之优越或进步，但力求诸己，务求比别人更优越更进步；只求"压倒"者则但处心积虑希望别人之退步而自己可藉此懒惰。其实别人之退步与否，其权仍操之于他自己：他如能奋发向前精益求精，便自然能向前突飞猛进，我们虽处心积虑希望他退步，于他实际是丝毫无损的；他如庞然自大，半途自废，我们虽不望他退步，他也不得不自己跌到退步的境域里去。讲到我们自己方面，能否"胜过"要看能否进步，能否进步要看我们自己肯否努力，肯否继续不断的努力，绝不在乎希望别人的退步；犹之乎要自己长寿全在自己肯设法增进健康，绝不在乎默祷别人之短命早死。

《压倒》

　　心之所安，诚亦难言，贪官污吏以搜括为心之所安，横暴军阀以残虐为心之所安，国民之所大不安者，乃他们之所最安，故我特在"行其心之所安"上面安上"自我牺牲"四个字。

《张翠凤女士和她的母亲》

　　忙于一件事业的人，用心专一而精神集注，假以时日，多少必有所成；分心于许多事业的人，思虑泛浮而精神涣散，虽似多能，终必有名无实。个人的思考精力——尤其是不无一二特长的人——如此虚掷固极可惜，而耽误事业，妨碍贤路，其罪尤大。

《辞去遥摄的大学校长》

　　故求真正之胜利者不畏难，愈难乃愈益增加胜利的价值，畏难即专想侥幸的心理所暗伏，不足以语于真正的胜。

《李杏花女士胜利之所由来》

　　盖内无以自主则原可应付的难关亦将因眼花心乱而莫知所措，我们立身处世，应付问题，苟能意及此，亦将受用无穷。

《李杏花女士胜利之所由来》

大抵所志的事业愈远大者，其过程所经的时间固愈久，所经的危险性亦愈严重。没有挨得过持久时间的忍耐力，没有挨得过特重危险的胆量，便不必想要达到所志的远大事业。事业的大小与所经时间的久暂及所含危险的深浅常为正比例，故偏浅欲速与怯懦畏缩者绝不足以成就事功，世之欲有所树立以自效于社会者，往往徒嚣然以大志自许，而于任重致远与百折不挠的精神则鲜知蓄养，追念中山先生冒险的精神，当知所以自勉。

《冒险》

　　所谓冒险，与鲁莽似同而实异。鲁莽者无所谓目标，无所谓计划，故盲人骑瞎马，糊里糊涂的向前瞎撞，即鲁莽的写真。冒险则不然，先有明确的目标，与熟筹的计划，按着计划朝着目标向前猛进。所谓"险"者，即猛进途中所遇的困难，小困难即小险，大困难即大险，冒险云者，即为实行计划求达目标计而用大无畏精神以战胜困难之谓。有目标，有计划，遇险而屹然不惧者，实已确然明知此目标此计划之需要战胜此困难，只有力谋应付之筹谋，绝无惊慌退缩之心意。故有持久性的大无畏精神并非一时感情上的冲动作用，乃理智上的真知灼见的结果。

《冒险》

　　所谓自觉心，简言之，即自觉有何长处，便当极力保存而更发扬光大；自觉有何短处，便当极力避免而更奋发有为。自觉心所以能成为进步之母者，若自觉有所短而存着自贼的心理，便是自甘永居卑劣的地位，所得的结果是颓废，不是进步。

《自觉与自贱》

自觉心是进步之母，自贱心是堕落之源，故自觉心不可无，自贱心不可有。

《自觉与自贱》

有作为的个人对于成败的态度应该是得意时勿放纵，失意时勿颓丧；有作为的团体，乃至有作为的民族，也都应该这样。但应该这样是一事，能否这样又是一事，所以值得我们的特殊注意。

《戒慎恐惧的局面》

就个人言，但求"金"之果"真"，而无须"怕""火"之猛烈。能彻底明此真谛，则但求诸己而无怨乎人，举凡炎凉世态，困苦艰难，均不足以动吾心而丝毫损我进修之勤与服务之勇。

《"真金不怕火"》

有真足自大而不自大，甚乃进一步感觉天地之长而吾所历者短，事业之广而吾所成者小，根本不觉得有何可大，有此自觉，非有修养工夫者不办；真足自大而才自大，在常人有此，已不必有所深责；所最可鄙者为实际无足以自大而仍庞然大其所大，在旁观者清，但觉其所有者"虚"而已矣，"荣"于何有？尝闻有人劝人不可有领袖欲，愚意以为果有做领袖的真正才能与德性，让他做做亦无妨，所患者真正的才能德性不置意，但欲夺取领袖"虚荣"，则虚伪欺诈，嫉妒倾轧，社会遂永远只有捣乱的现象。

《英雄末路犹恋虚荣》

人生一幕一幕的经过悲欢离合，成败得失，亦宛若电影，所异者，非尽喜剧而已。但在有学养的人，环境尽管倏忽万变，心境上却也可以不至着慌。

《真假电影》

各就各人地位与能力而尽量谋其所以助人救人之方策，即所以各增其为人的价值。

《辞官救灾的朱庆澜氏》

人生匆匆数十年，寝时一榻，死后一棺，昔人所谓"如朝露耳"。其价值则在受益者若干人，受其益者的人数愈多，则其价值亦随之而俱增。

《辞官救灾的朱庆澜氏》

无论什么幸福，都要有相当的代价，否则便是不公平的享受。

《硬碰硬》

婚姻不是慈善事业，也不是应酬品，倘若自己觉得不愿意，只须未曾和对方表示过接受他的爱，绝对没有必须答应的责任，而且不应该随便答应以贻终身莫大的遗恨。

《难以应付》

贞操既是关于性的德义，有意去败坏这种德义的才有责备之余地，才发生道德的问题，否则如有女子不幸为强暴所辱，或不幸为人用伪善手段所骗，她的心地原是光明的，原是无辜的，都不应加以失贞的恶名。

《贞操》

教育的定义，简单的说起来，可以说是帮助人经营社会生活的一种手段。

《平等机会的教育》

人物愈伟大，好学愈迫切。

《孙中山先生的生平》

天下事业的大小和难易总是成正比例的；事业愈大，艰难必愈甚，这是一定的趋势；能干得起大事的，便在乎能战胜这种愈甚的困难。

《手创新国的大学教授》

受过教育的人，倘能利用所受的教育做基础，从事观察，细心练习，教育对他当然有很大的效用，否则成为一个"书蠹"实际上还是无用。

《又是一位有趣味的候选总统》

常常在嘴里埋怨没有机会的人，是懦弱者的态度。有的人能够利用机会，这里一点，那里一点，积少成多，比之许多粗略的人，在一生一世的里面，无意中把许多好机会错过，真有霄壤之别。留心利用机会的人，好像蜜蜂一样，从他所遇着的每朵花里，他总要采些蜜出来。这种人都是心敏手快，他所遇着的人，他每日所遇着的事情，都是增加他的有用知识或个人能力的材料。

《机会》

真正的乐观主义的人是用积极的精神向前奋斗的人，是战胜愁虑穷苦的人。这类的苦境，常人遇着，要"心胆俱碎"，"一蹶而不能复振"的；只有真正乐观主义的人才能努力奋斗，才敢努力奋斗！所以讲到乐观主义还不够，要有"有效率的乐观主义"才行。

《有效率的乐观主义》

中国"无所不专的专家"所以遍地皆是，阻碍真正事业的进步，他们本人不自量，无自知之明，及好出风头，固然是自己害自己，而社会却也不能辞其咎，因为一个人无论你专了什么，一旦成了什么名人，社会上人便当你是万能。

《无所不专的专家》

不是交情很深的人，不是喜欢听你个人往事的人，千万不要对他喋喋曲诉自己的历史，这是一取人讨厌的弗识相的事情！等到你真正做了什么大人物，无论"自传"也好，别人替你"传"一下也好，不迟！

《弗识相》

人生的价值，在生存时期内有相当的贡献，既有强健的体格，服务的精神，和特殊的贡献，不能延展其有为的时期，固可痛惜，但若终年与药炉为伍，苟延残喘，或因怠惰因循糊涂而湮没其天赋的能力，则虽老而不死，长寿何益？

《人见绢枝逝世》

个人的坚苦卓绝排除万难的大无畏的精神，患难中尤足见其真正精神之程度；民族的团结奋斗排除万难的大无畏的精神，患难中亦足见其真正精神之程度。

《自动赈灾之踊跃》

我以为无论处于何种艰难的地位，能不畏艰难而勇敢奋斗至无可奋斗而后已，这种精神之可贵，殊非一时的成败所能磨灭。

《汉难中的日本军民》

仅有散漫的意识，一时的感情，绝不能持久，绝不能有实效，所以既有彻底的觉悟，复有努力的决心，尤须有通盘筹算的计划和坚毅奋迈的执行。

《努力的焦点》

我以为当静则静，当动则动，尤须能动能静，能静能动。

《动静两个方面》

嘴里如何，是人所共闻的；手里如何，是人所共见的；共见的和共闻的能相符，便是信任心之所由来。

《嘴里手里》

怯懦是自绝之路，骄慢也是自绝之路。骄慢之所由来，以得胜之后为易犯，以得人赞誉之后为尤易犯。

《最要不得的两种心理》

迷信的因果报应的说法，在今日科学昌明时代，诚不足道，但效果必与努力成正比例，有一分努力，必多一分效果，这种自然的因果律，实为颠扑不破的真理。

《与努力成正比例的效果》

"名望"之可否称"家"，姑置不论，即算有了"名望"，即算"名望"是为人所推崇的东西，一旦藉"名望"而作恶，其遭人厌恶，受人鄙弃，较之未尝有过"名望"者更加上千万倍。

《候补傀儡的名望家》

个人喜誉恶毁，不在钳人的嘴，而在自修，推到一个国家，也是这样。

《难为了这位女博士》

公意之所在，非强权威势所能湮没，亦非强权威势所能逃避。

《公意的表现》

做人只要问自己怎样，不必问别人，更不必怨天尤人。一个民族的安危荣枯，也只要问自己怎样，不必问别人，也更不必怨天尤人。

《匪的公道》

禽兽能否说得上有思想，我们虽不得而知，自诩为万物之灵的圆颅方趾的人类，所以异于禽兽的，至少是特富于思想，似乎是一个很重要的特点。

《思想犯罪》

思想，尤其是社会的思潮，绝不是凭空由天上掉下来的，必有它的根源，倘根源依然，但知用暴力压迫思想，思想的尖锐化和广播的速率，只有和压迫的强烈成正比例。

《〈思想的犯罪问题〉编者附言》

能给个人以相当的机会，使各人得尽量发展其特性所长以自助助人，这便是社会上的一种好现象。能自省察自己特性所长，依此方向努力进修，努力学习，如炼金，如琢玉，尽量发展其特性所长以自助助人，这是人生一件最愉快的事情。

《悬想》

我常以为人人应该立志作最大的贡献，我所谓"最大的贡献"，不是说人人要做世俗所谓大人物，我以为各人能就各人自己特性所长作尽量努力的贡献，便是他的最大的贡献，这样看法，不以事业的种类为对象，是以本人的特性所长为对象。

《悬想》

昔贤劝人立志，我要加上一个条件，我以为我们要立自己特性所近的志。自己特性所近的志立定后，其次的重要步骤当然是千方百计求达此志。

《悬想》

我们对于无限的希望，作不断的进攻则可，"发生痛苦的感觉"则不可；进攻的时候，当以愉快的态度和舒适的精神进行，时间上和工作上尽管不免紧张，而在精神方面及心理方面却须常常保持坦荡荡的气象，绝对要避免常戚戚的境域。

《得意后的失望》

悔者改过迁善之机，悔而寻死，何贵乎悔。

《县长的随身姨太太》

人生的"满足"是要我们拿出奋斗精神自己去"求"来的，不是有什么现成的"满足"由世界"给我"的。

《县长的随身姨太太》

人生的光明都是由战胜困难得来的，事业的大小和困难的深浅实为正比例，若一遇困难便寻死，那么世界上所有的"成功人传"都变了"死人传"！

《县长的随身姨太太》

天下事只要是合理的，就拿出毅力做去，用不着扭扭捏捏！

《堂兄的表妹》

凡解决问题，方法愈具体，则所需知的实际情形也愈详细，方可作为规划之根据。

《嫉妒》

要把个人和社会看清楚，要明白个人和社会的关系，换句话说，要铲除从个人作出发点的人生观，确立从社会作出发点的人生观。

《忍受不住的苦闷》

我总尽我的力量干去就是了。只要方向看的对，我努力一分，必有一分效果，也许是一时看不见的效果。

《忍受不住的苦闷》

我们各有其独立的人生价值，各有其为人群服务的责任，应无分男女性别才是，为什么做女子的便为着一人之不幸死亡而必从此葬送自己一生的前途？这种不合理的女子人生观如不打破，妇女解放永是空谈！

《生活的剧变》

婚姻固为人生的一大要事，但是绝不能概括人生的一切，我们应放大眼光，扩大胸怀，堂堂的做一个人。

《心灵深处》

我们以为做人的价值，一方面在能有自立的能力，勿为寄生虫以累人而贻害社会，一方面尤在能尽我忠诚为社会服务。

《可敬的老司务》

大抵任事的人，范围愈大，愈不能有誉而无毁，有恩而无怨，但求尽其心力，为大多数人的福利，开诚布公的往前做去而已。

《拿得定主意》

听到骂得有道理的话，诚宜猛自反省，从善如流；听到无理取闹的话，只得向往先贤坚苦卓绝的经验，藉以自壮胆力与进取的精神，仍是要努力向前干去，仍是要尽心力向前干去。

《挨骂》

失败就是成功的前导——事业愈大愈是如此——所以就是失败，只要你肯从失败中得到经验再继续不断的干，必有达到目的或至少更能接近目的的时候。

《劳而无功》

一个人的信用可丧失于一朝一夕一事一语，但培养信用却在平日之日积月累，而不能一蹴而几，故欲凭空一旦取人信用是不可能的事情。

《信用》

孟老夫子曾说："为政者每人而悦之，日亦不足矣。"其实不但为政，凡事皆然；而且负责愈专努力愈勇者，"每人而悦之"亦愈难。

《倾轧中伤》

能发展，全靠自己努力，绝不是靠着中伤别人而能达到维持自己发展自己事业的目的。

《倾轧中伤》

　　我们如为社会公共福利而努力于一种事业，把它看作社会的事业，而非个人的事业，便觉值得奋勉；若不过为个人私利而孜孜，便感觉人生之毫无价值，所以我们应力倡舍己为群的意志与精神。

《公私经济的界限》

　　前贤勉人"只问耕耘，不问收获"，并不是劝人不必有精密的计划而但向前横冲直撞，盲动一阵，却是劝人要努力前进，不必汲汲于近功速效。

《功效》

　　我们对于一种事业常有理想中的一个最后目标，但努力前进的过程即是愈益接近目标的途径，走一段即近一段，所走过的便是"收获"，便是"功效"。我们只怕不走，只怕一开步就想一步跨到。

《功效》

　　精神上真正的愉快，亦以实过于名或有实无名为至乐，而且名过于实或有名无实为至苦。

《"名者实之宾也"》

错了就老实自己承认，倒是精神安泰的事情；文过饰非是最苦痛的勾当。

《硬吞香蕉皮》

我的态度是一息尚存，还是要干，干到不能再干算数，绝不屈服。我认为挫折磨难是锻炼意志增加能力的好机会，讲到这一点，我还要对千方百计诬陷我者表示无限的谢意！

《不相干的帽子》

我以为人格的新标准，应以对社会全体生活有何影响为中心；对于社会全体生活有利的便是好的，对于社会全体生活有害的便是坏的。

《四 P 要诀》

我们遇着困难的刺激，往往容易引起精神上的错乱，因此不是狂躁，便是忧郁，或二者兼而有之。其实困难是要运用我们的智慧与筹划来克服的，狂躁忧郁何用？不但无用，反使困难因应付不当而增加，岂非自己尽往牛角尖里钻吗？

《神经病》

坚定不移的态度，必须出于理论上的彻底看清，策略上的彻底看准，然后才能在惊风骇浪中，拿定着舵，虽千转百折，仍朝着正确的方向前进，才终有达到彼岸的时候。否则自己糊涂，还要强人也糊涂，这便是刚愎自用，结果反足以偾事，此即所谓差以毫厘，谬以千里了。

《不肯妥协的精神》

其实万能必一无所能；或原来不无一二专能，亦因强作万能而并失其原有之一二专能，这不仅是个人的损失，实亦社会的损失，自爱爱人者对于此点似都应加以相当的注意。

《翁文灏坚辞教长》

说废话的人也许沾沾自喜，以为得计，其实废话和空头支票是难兄难弟；空头支票所能发生的结果是信用破产，废话所能发生的结果也并不能达到说话人所希望的目的——欺骗得过——唯一的结果也只是信用破产。

《废话》

凡事必须自己亲身经历过，才能彻底明了，否则多少不免隔膜，要改正错误或要做得更完备，也必须由实际经验中去寻觅出来，体会出来。

《首途》

所以能不怕怎样大的风浪在前面，都鼓着勇气前进，只有应付的态度，没有畏避的态度，就只因为我已看定了目的地——所要达到的明确的对象——又看定了所要经的路线。此事虽小，可以喻大。

《由巴黎到伦敦》

在现社会里，金钱往往成为真正情义的障碍物。

《华美窗帷的后面》

天下成功的事情并非出于偶然的——其间都有若干困苦艰难的经过，和对于这些困苦艰难的抗拒，战斗，克服。

《谈〈泰晤士报〉》

虽以拿破仑的将才一有轻敌之心，也免不了大吃败仗，这例可给我们一个很好的教训！

《游比杂谈之二》

服从原也有好的方面，如服从真理，服从所信仰的主义，服从正当的规则及值得服从的人物等等，但和盲目的奴性的服从，在性质上当然有很大的差异。

《所谓领袖政治》

在我们当然只有自己争气奋斗，不愿存有苛求于别人的意思，而且也不应存有苛求于别人的意思——再进一步说，自己如不努力，苛求于人也是无用的。

《德国新闻业的今昔》

我们所要自勉的是要使思想随着时代的进步而一同进步，不要听任思想随着年龄的老大而也老朽起来。

《船上的一群孩子们》

我说辩论真理或问题，最小限度也有两个先决条件：（1）有探求真理的诚意；（2）对所辩论的真理或问题有相当的基本知识。

《莫斯科的鸟瞰》

习惯于工作，同时也知尊重他人的工作。

《托儿所的办法》

我们以兄弟，同伴的情谊，自己实行对自己的检举，同时也对自己的同伴，亲切而又严肃的给以批判，不论大小，具体的拿来讨论。

《怎样前进》

俗语有所谓"事非经过不知难"，这当然是经验之谈，但是我们在实践中学得了应付的法子，把原来觉得困难的事变成容易起来，也未尝不可说"事非经过不知易"。我们所要注意的是要"经过"，如果一味地站在水的外面叹息困难，那是一辈子还是困难的。

《事非经过不知易》

但是个人的自由须以不妨碍他人的自由为限度，否则大家都以妨害他人的自由为自由，便成了一个大家都不自由的苦痛的世界。

《安全》

我们的经验是只要继续不断地刻苦干着，没有一事不会得到成功。

《五十五天的工作经验》

就原则上，我们当然也可以说演着高考落第悲剧的青年在人生观上患着很大的错误，因为人生对于社会对于民族乃至对于世界人类，都有着更大的目标，怎么为着区区的考试落第便寻短见，或气得要死？

《高考落第的悲剧》

我们的意思，当然不是反对个人的美德，更不是说奢侈贪污之有裨于社会，不过鉴于有一班人夸大"个人的美德"对于改造社会的效用，反而忽略或有意模糊对于改造现实所需要的积极的斗争。

《个人的美德》

我们的意思当然不是说"人生"无须"修养"，但是"修养"不应以个人主义为出发点，却要注意到社会性；是前进的，不是保守的；是奋斗的，不是屈服的；是要以集团一分子的立场，共同努力来创造新的社会，不是替旧的社会苟延残喘。

《期望》

倘若一个人不知道他的真正的动机所在，那么他的行动是盲目的，盲目的行动有着很大的危险性，因为理论是实践的眼睛。

《理论和实践的统一》

所以我们要推动历史巨轮的前进，不可屈服于现实，必须负起改造现实的使命，但是要改造必须从现实做出发点，不能抛开现实而不顾，这是很显然的。

《从现实做出发点》

苦闷是要消磨志气的（虽则在某一场合也可以推动奋斗），所以我们要注意：我们必然地要从现实做出发点。

《从现实做出发点》

我自己做事，没有别的什么特长，凡是担任了一件事，我总是要认真，要负责，否则宁愿不干。

《经历·永不能忘的先生》

这样看来，一个人在学校里表面上的成绩，以及较高的名次，都是靠不住的，唯一的要点是你对于你所学的是否心里真正觉得喜欢？是否真有浓厚的兴趣和特殊的机敏？这只有你自己知道，旁人总是隔膜的。

《经历·工程师的幻想》

　　我生性不做事则已，既做事又要尽力做得像样；所以我不想做工程师则已，要做工程师，绝不愿做个"蹩脚"的工程师。

《经历·幻想的消失》

　　我仔细分析我的"硬"的性质，觉得我并不是瞎"硬"，不是要争什么意气，只是要争我在职务上本分所应有的"主权"。我因为要忠于我的职务，要尽我的心力使我的职务没有缺憾，便不得不坚决地保持我在职务上的"主权"，不能容许任何方面对于我的职务作无理的干涉或破坏。我不但在做苦学生时代对于职务有着这样的性格，细想自从出了学校，正式加入职业界以来，也仍然处处保持着这样的性格。我自问在社会上服务了十几年，在经济上仅能这手拿来，那手用去，在英文俗语所谓"由手到嘴"的境况中过日子，失了业便没有后靠可言，也好像在苦学生时代要靠着工作来支持求学的费用，但是要使职务不亏，又往往不得不存着"合则留，不合则去"的态度。所以我在职业方面，也可说是一种矛盾的进展。

《经历·苦学时代的教书生涯》

　　我也明白，应付事情，或应付人，只须根据所决定的办法作沉着的应付就是了，只须能把事情或人应付得了，何必要发脾气？发脾气只是一种无补于事的耗费，徒然恼了自己，难堪了别人！原来没有职权解决某事或某人的人，发脾气无用，已有职权解决某事或某人的人，发脾气不必。

《经历·一年的练习》

我们只要自己脚跟立得稳，毁谤诬蔑，是不足畏的。

《经历·社会的信用》

肯继续努力于自我教育的人，必有光明的前途。你的光明的前途也在你自己的掌握中。

《答王胡》

我很深刻地感觉到自己能力的薄弱，但是我应该积极努力，尽我所能尽的小小力量。

《我对于参政会的希望》

我个人虽自恨能力薄弱，但数年来对于全国团结御侮的提倡，不遗余力，虽中间被误会而吃些小苦头，仍丝毫无所怨怼，但求团结御侮能实现，个人方面毫不计较。

《摩擦》

世界是在向前发展的，历史的车轮是向前推进的，只有在进步的大道上向前努力的人才有光明的前途，凡是违反历史规律而开倒车的人都只是自掘坟墓，必然是要在向前进的历史巨轮下被淘汰的。所以这类人不但误国，而且在实际上也误了自己，虽则后一点在他们是不自觉的，他们所走的是死路一条！

《〈自己不做人家做了又嫉妒〉编者按》

增加知识和能力的途径很多，有些青年因一时不能入校求学或一时不能升学，便感觉到十分消极，认为从此没有希望，这是大大的错误，因为入校或升学只是增进知识的一个途径，如果这一个途径实在没有法子再走，还应该想别的途径继续走去，也许要比较走得慢些，但是不停的走，一定也走得很远的。在现实的社会里——也可以说是广义的学校——"求学"，也许还要更切实些。

《不断的努力》

这两个例子给予我们的教训，便是，只要我们立定坚决的意志，认清正确的方向，不断地努力，绝没有不可克服的困难。

《复费建中》

在未达到目的以前，绝不灰心，绝不逃避现实，只是继续不断的向前努力。

《〈兴奋与苦闷〉编者附言》

无论解决任何问题，都须注意每一个特殊问题中的特殊因素——每一个特殊问题中的特殊的主观条件和特殊的客观条件，——然后才能决定特殊的解决方案。

《〈青年的苦闷〉编者附言》

我们也并不是机械地主张，到了绝望的地步而还要死守住无望的据点，我们这里所要指出的是在尚可有为的范围内，我们应该改造环境，其次也应该运用环境，逃避环境是最下策。

《〈青年的苦闷〉编者附言》

其次我们要诚恳地唤起教育者改善青年环境的责任心。青年是天真活泼的，坦白纯洁的，他们的最大的特点是好动，最大的欲望是求知，最诚挚而热烈的情绪是要对国家民族的这个伟大时代有贡献。倘若青年好动而教育者偏喜静，青年欲明真理而教育者并未能加以积极的领导，青年要知道对国家民族有所贡献的途径而教育者却一味搪塞，认为多事：这样一来，教育者只有终日忙于作消极的抑制，而忘却了对于青年应该负起积极领导的责任。

《〈中学生苦闷些什么〉编者附言》

只有比较开明的父母放开自己的主观，处处为子女设身处地想，处处顾到子女所处时代，处处顾到子女的需要与欲望，作开明的指导，才能收到良好的效果，否则尽管做着极严厉的父母，子女当面尽管不敢说一个否字，心里却在另外打着主意，背着父母进行一切，反而得不到父母的爱护与指导。

讲到这一点，我们要指出领导者不要以为只是青年应该向成年人学习，同时要注意成年人也应该而且必须向青年学习。青年应该向成年人学习，这是容易明白的，因为一般说来，成年人的学识经验是应该比青年丰富的，所以青年应该向成年人学习。成年人应该而且必须向青年学习，也就是领导者应该而且必须向青年学习，听来似乎不免离奇，但教育者或领导者要了解青年，那就非向青年学习不可，只有虚心向青年学习，才能如本信作者所谓"了解青年的时代，了解青年的性格，了解青年的需要，了解青年的环境，了解青年的苦闷，了解青年的一切"，作为领导青年的根据。所以向青年学习与领导青年，不但不矛盾，而且有着相辅相成的效用，这一点实在值得教育青年者的深刻的认识与努力实践的。

《〈了解青年与领导青年〉编者附言》

　　青年所以必然愿意接受真正的领导，因为青年确有许多问题待决，只有站在青年的立场，帮助青年解决他们所亟待解决的问题，才是青年所需要的领导，这绝不是教育者根据主观成见所能勉强加以"领导"的，所以要真正领导青年，必须真正了解青年。

《〈了解青年与领导青年〉编者附言》

　　友谊是天地间最可宝贵的东西，深挚的友谊是人生最大的一种安慰。

《友谊与职权》

　　我们这一群，是为着进步的文化事业而共同努力，我们是同事，但同时也是好友。我们彼此之间应该有着深挚的友谊；我们彼此之间应该有着深厚的同情，亲切的谅解，诚恳的互助。亲密恳切的友爱应该笼罩着我们的整个的环境。

《友谊与职权》

我们所做的工作，尽管有种种的差异，但是待人的态度却可以一致，那就是都应该诚恳，和蔼，虚心。

《友谊与职权》

我深深地感觉到待人的态度与加强友爱增进友谊有很重要的关系，所以特提出来谈谈，希望我们大家互相勉励，尤其是在职务上负责较重的同事，对于同人更须诚恳，和蔼，虚心。但是当局者迷旁观者清，我们应该有则改之，无则加勉。

《友谊与职权》

这种不怕困难的精神，在艰苦抗战的时期中尤其重要，因为整个国家民族正在艰苦奋斗争取独立生存的过程中，在这里面占着一部分地位的事业，所可能遭受到的困难比平时更多，如果看见困难只是惧怕，退却，消极，那就非绝对失败不可。

《发现困难与克服困难》

天下任何事业都是有困难的，事业愈大，困难也愈多，因为事业愈大，内容愈复杂，所以要应付的问题也愈多，困难当然要随着多起来的。

《发现困难与克服困难》

我们所处的工作环境，十之八九是不能满意的，这是谁也感到的事实，我们必须向着改善现实的动向努力，但是我们同时也须明了这并不是一蹴可几，所以我们应该用机智的头脑对待现实，从磨练中坚强自己，而不应逃避现实，或为现实所征服。

《对人对境和对己的态度》

真正进步的分子，不但不把进步的气概和进步的言词来与人以难堪，而且还要谦虚和蔼，细心研究周围的人的容受性，或容受量，依他们最大可能的容受能力，取种种方法一步一步地引导他们，说服他们，改进他们，帮助他们向上进的大道上跑。

《对人对境和对己的态度》

我们的工作不得不在现实的社会中，现实的社会并不能如我们的理想，要使它成为我们理想的社会，需要大家在现实中对准目标共同努力——持久而坚毅的努力；在时间上也需要相当的过程，虽则大家的加紧努力可能比例地缩短这一过程。我们不能偷懒，但也不可过于性急。

《对人对境和对己的态度》

我们要看到黑暗方面，才能消除黑暗，也要看到光明方面，才能扩大光明。

《震动寰宇的民族战士》

站在进步的立场，虽在极艰苦的条件之下，仍光芒万丈，得到多数人的宝爱；站在开倒车的立场，即令在极优越的条件之下，仍黯然无光，使人漠然视之，甚至感到讨厌。

《领导与反映》

用苦工得到的学问，总不会辜负你的，最重要的还是自己要有坚决的意志和有恒的学习。

《〈改变事业的部门〉编者附言》

说尽好话，做尽坏事，在这种人自己也许洋洋得意，我们旁观者清的人，却不禁为之慨叹不置！

《言行一致的政治》

认识是一事，实践又是一事，我们不能以仅仅认识为满足，必须根据正确的认识，共同努力，达到实践。

《〈关于宪政与文学的几个问题〉编者按》

我们对人对事，如能注意事实发展的过程，而不仅仅看到临时发生的事情，或听到临时造出的谣言，便可洞若观火。

《如何识别谣言》

青年是在学习的时代，对于事物不但要知其然，而且要知其所以然。

《〈学习的环境改变了〉编者附言》

有人自己进步，并不把它放在面孔上，令人难堪，却能虚心诚恳而和蔼，令人心悦诚服，至少不觉得讨厌。有人自己以为是进步了，有意或无意中现出看不起别人的神气，或不到三言两语，便和人发生冲突，使人一看就讨厌。

《一个小学教师的烦恼》

我常把大自然当作一个大学校看，认为我们每一个人的一生都是在学习的过程中，我们应当以虚心学习的态度在这过程中做最大可能的努力，并且尽可能把学习所得公诸社会，扩大个人学习所得的成果。

《开场白》

公道自在人心，有人自己倒行逆施，厚颜开口怪别人不给他"赞美辞"，在实际上他永远得不到"赞美辞"，只有令人闻之齿冷；有人肯讲理，他不要求"赞美辞"，我们倒不妨多送他几句"赞美辞"。

《审查与讲理》

有困难问题挡在面前，只可以设法应付，设法解决，一次不成再来一次，切不可焦急，焦急是有害而无利的。

《渐渐地争取切不要焦急》

我们在研究任何科目的时候，理解和记忆都是需要的。懂了不记，随懂随忘，学问还是教师的，和自己不发生关系。记而不懂，不但伤脑筋，愈记愈笨，而且也容易忘记。所以我说理解和记忆都是需要的，不可偏废。

《对青年朋友的小小贡献》

我们说"慢慢走上"，意思是说初入职业界者，在初期大概都要从小事做起，在工作中学习，由于知识经验相当丰富之后，才能负起较重要的责任，不是可以一步登天的。

《女人可以学政治么》

要克服这种苦闷，你要明白环境的改造，周围的人的改造，都不是一朝一夕的事情，你不能一下就用自己的尺度来量度你的环境和你的周围的人。

《改造环境非一朝一夕事》

所以愈是向往光明进步的人，愈应该尽可能在黑暗倒退的环境中努力奋斗。

《怎样争取光明进步》

罗马不是一天造成的，一个人的丰富的学识经验也不是一朝一夕可以速成，只须意志坚强，持之以恒，终必有成。

《在工作中实行自我教育》

一个人的有无成就，是在一生继续不断的努力奋斗，而并不在乎一时的挫折或得失。

《如何解除妹妹的痛苦》

仅有大志是不够的，必须努力求进步，必须不断的努力奋斗，才有成功的可能。你的光明前途就建立在你的爱读书爱学习的精神中。

《当了仆欧仍要奋斗》

中国有句老话，叫做"公道自在人心"，一个人在社会上的信用，是有平日的言行与人以共见，别人无根的谣言毁谤，便由于这平日所已建立的信用而失其破坏的效用。

《令人惊诧的谣言攻势》

我们要克服困难，克服黑暗，而绝对不为困难所克服，绝对不为黑暗所克服。

《誓死为自立自由而争》

我们于此更当记着。我们要在生活习惯上有点改良，也要有几分勇气才行。

《〈一位美国人嫁与一位中国人的自述〉译余闲谈》

换句话说：要得贤妻的心思固是应该的，但是也要先养成"贤夫"的资格，否则专做"单相思"的功夫，也是徒然的。

《〈一位美国人嫁与一位中国人的自述〉译余闲谈》

家庭生活可分精神与物质两方面：精神方面要和和气气；物质方面要清清爽爽。

《〈一位美国人嫁与一位中国人的自述〉译余闲谈》

我常说中西的人有好的，也有坏的，不能以一概论；中西习俗也彼此有好的地方，也彼此有坏的地方，也不能以一概论。不过我们习俗里面无益的虚套和不顾他人便利之处，却应该改革才是。

《〈一位美国人嫁与一位中国人的自述〉译余闲谈》

理想的夫妇，有一个重要的条件，就是能"共甘苦"。所谓共甘苦，不但是有乐共享，有苦同当，尤重要的是能有精神上的慰藉。

《〈一位美国人嫁与一位中国人的自述〉译余闲谈》

麦葛莱女士说的小家庭和大家庭彼此有休戚相共的关系。这句话我也承认，不过我却十二分反对中国大家族的混居。我以为供养父母，就担负方面说，是比较简易的事；父母和子媳同居也是比较简易的事；不过我们要知道中国大多数的大家族，往往包括许多"寄生虫"，除了父母之外，还有许多不是一定要同住的人。有了这种情形，在感情方面，便有挑拨煽动之虞；在负担方面，便有做事的人愈苦，坐食的人愈不知耻的可痛状况。所以我要大声疾呼，"打倒"中国的大家族制度，否则大多数人的"生活"，便要永久的"暗无天日"！

《〈一位美国人嫁与一位中国人的自述〉译余闲谈》

　　自己尽量的讨小老婆，却欲伸出头来主张什么节义，主张什么"上门守寡"，藉此增加"家门无上的荣光"，我只有馨香祷祝他们快点死光，否则社会风俗总无彻底改良的希望！

《〈一位美国人嫁与一位中国人的自述〉译余闲谈》

　　我觉得西俗宴客与中国宴客，有两点很值得注意。第一点是他们的菜肴很简单，吾国总是大鱼大肉，一二十碗的拿上来，总要使得你吃到肚子装得满满的，不能再装进去，才觉得是优待嘉宾！不但糟蹋东西，暴殄天物，时间方面也极不经济。

　　第二点是西俗宴客，宾主谈笑，总是轻声低语，力避喧哗，中国则流行猜拳，"一品高升啊！""五金魁呀！"大声疾呼，筋起脑涨，好像对手的耳朵是死人的耳朵，非这样狂叫不听见似的！在中国菜馆里想聚几位朋友共宴谈心，而左右贵邻却闹得乌烟瘴气，使得我们讲话非特别张大喉咙，放大声带，老实是糊里糊涂，这真是一种野蛮的习惯！

《一位英国女士与孙先生的婚姻》

　　一个人如能探得自己的特长，就特长方面修养准备，然后再留心机会，利用特长于某种专业，对社会有充分的实际的贡献，这是人生最快乐最有价值的事情。这样做人，才有归宿。否则糊里糊涂，空空洞洞，白过一世，就是不至列入猪猡猡，也就大不爽快，太无意味了。

《一位英国女士与孙先生的婚姻》

　　我近来觉得女子要过快乐的生活，也要养成享用快乐生活的本领。譬如野外的游戏运动，如拍网球之类，我国女子有几个有这样的素养？又如作长距离的散步，我国有许多女子走路起来，半步一走，慢得要命，而且走不多远就"吃勿住"！又如社交也是快乐生活之一，我国女子有许多在家里尽管"哔喇哔喇"，出外见生人，又好像"木头人"！社交谈话当然是快乐的事情，但也要多看书报，常识丰富，否则别人谈天，十八九自己不懂，何从参加？但是我国大多数的少奶奶们，对于阅书看报的素养很少很少，有的不过看看孙行者猪八戒一类的旧小说，讲时事的日报，就是家里订好，也是不大愿意看的。这是大多数的情形，当然也有例外。这当然也不全是女子自身的错处，女子教育，家庭环境，和社会环境，都有关系。

《一位英国女士与孙先生的婚姻》

我以为世界上只有没有做过不可告人的事情最不恐慌，最不至心虚，所谓"问心无愧"，尽管外面甚嚣尘上，闹得不亦乐乎，还是没有什么可怕。

《一位英国女士与孙先生的婚姻》

我们遇着危难的事情，最重要的是先有镇定的态度，只有镇定得住的人能对付危难的事情，慌乱的人绝对无济于事，反要偾事。

《一位英国女士与孙先生的婚姻》

一个人履坦途的时候，所谓好朋友也者，不大看得出，一旦陷入患难的境地，只有真心的朋友肯死心塌地的护持你，不弃你，这便是古人所谓"患难之交"。这个时候的恩惠，常能使受者感激涕零，永铭肺腑，古人所谓"得一知己，死可无恨"，也就是这个道理。

《一位英国女士与孙先生的婚姻》

心平气和的人，由他眼里看出去的世界，常见欣欣向荣的气象；胸襟褊狭的人，由他眼里看出去的世界，却常见满地荆棘的气象。而实际的世界，则犹是这一个世界，但一则以乐，一则以悲。这当然要在相当的范围内，若穷困到无以为生的苦百姓，当然很难生出什么可乐的心境来，便须从积极方面补救了。

《一个女子恋爱的时候》

我国俗语有一句说："先小人而后君子。"这句话初视似乎未免以小人之腹度君子之心，其实很有意思。我们无论对于何人，要信任他，先要加一番很细密的观察与检查，这就是"先小人"的意思；观察检查的结果，确觉得他好，然后再加以信任，这就是"后君子"的意思。这种态度是不可少的。尤其因为世界上作伪的人太多，表面上看去似乎很好，其实里面却不堪闻问。

《一个女子恋爱的时候》

　　说话大概有两种，一种是爽爽快快的话，一种是弯弯曲曲的话。前者的优点在光明磊落，缺点在每陷粗率；后者的优点在婉和曲达，缺点在每近虚伪。再进一步说，理直气壮的人说话易于爽快，不免内疚的人说话每偏弯曲。

《一个女子恋爱的时候》

　　俗话说"空穴来风"，天下坏事往往非一方面的人所能做成的，上当的人早上钩，就表示他自身先有了缺憾。无论什么社会，总难免有黑暗的部分，所以我们对子女或青年的训育，最重要的是要养成他们能自树立的基本工夫，便不易为黑暗社会所诱惑。

《一个女子恋爱的时候》

后 记

聂震宁

编选《韬奋箴言》，较之于编选他同时代的著名作家、学者的箴言警句要难许多，因为近二十多年来，那些作家、学者的语录类出版物已经有了不少，而邹韬奋的语录只有过零星的一些选录，尚未见过编辑成书，一切得从头来过。

然而这项工作值得去做。本人承接任务后，首先得到北京印刷学院新闻出版学院的支持。在该院编辑出版系主任朱宇教授的带领下，于祝新、孔凡红、李东、焦亚楠、徐洁、赵文文、苏格兰、胡航、赵文青、何凡、刘梦迪、王天乐、刘琼、汤文蓉、王梦瑶、付晓露、陈应雯、黎竹、游赛赛、王忱、马悠、王丰、林莉、毕自立、吴展翼、刘紫云等同学参与了初稿的辑录和校对工作，其中，研究生于祝新、孔凡红、李东、焦亚楠、徐洁等出力最多。在此特向北印新闻出版学院，向朱宇教授和同学们表示诚挚的感谢！

按照我拟就的辑录方案和各项要求，同学们从韬奋先生八百多万字的著述中进行先期选录。按照"有言论必录"和"提炼箴言警句"的原则形成共约十六万字的言论初稿。我在全面审阅初稿之后，对辑录内容做了较大幅度的调整和再次精选，并做了全面的核对，努力做到好中选好、优中选精，最后形成现在大约十万字的定稿。

此书编选工作从一开始即得到三联书店总经理路英勇先生的重视和关心，在编选过程中一直得到责任编辑叶彤的配合，在此一并致谢。

欢迎广大读者提出批评意见。

2015 年 6 月 22 日